中国博士后科学基金面上资助项目（资助编号：2013M541235）
辽宁省社会科学规划基金项目（项目批准号：L14CJY044）
东北财经大学校级科研项目（项目批准号：DUFE2014Q19）

中国商业银行市场约束研究

翟光宇 著

Market Discipline of Commercial Bank in China

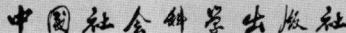

图书在版编目（CIP）数据

中国商业银行市场约束研究/翟光宇著. —北京：中国社会科学出版社，2015.2
ISBN 978 – 7 – 5161 – 5523 – 3

Ⅰ.①中… Ⅱ.①翟… Ⅲ.①商业银行—市场管理—研究—中国 Ⅳ.①F832.33

中国版本图书馆 CIP 数据核字（2015）第 026894 号

出 版 人	赵剑英
责任编辑	卢小生
特约编辑	王伟娟
责任校对	周晓东
责任印制	王 超

出　　版	中国社会科学出版社
社　　址	北京鼓楼西大街甲 158 号（邮编 100720）
网　　址	http：//www.csspw.cn
	中文域名：中国社科网　010 – 64070619
发 行 部	010 – 84083635
门 市 部	010 – 84029450
经　　销	新华书店及其他书店
印　　刷	北京市大兴区新魏印刷厂
装　　订	廊坊市广阳区广增装订厂
版　　次	2015 年 2 月第 1 版
印　　次	2015 年 2 月第 1 次印刷

开　本	710 × 1000　1/16
印　张	11.5
插　页	2
字　数	194 千字
定　价	35.00 元

凡购买中国社会科学出版社图书，如有质量问题请与本社发行部联系调换
电话：010 – 84083683
版权所有　侵权必究

前　言

从宏观经济角度看，改革开放 30 多年来，中国通过渐进式改革逐步从计划经济步入市场经济的发展模式，但是在金融行业市场化改革的发展还在进行中。中国的金融业目前仍然是一个政府主导型行业，中国政府对于金融业的控制是强有力的，具体体现在商业银行的国有控股性质、存款基准利率央行统一制定、信贷规模的控制等诸多方面。尽管金融自由化一直受到争议，国家出于金融安全及政治稳定等因素的考虑必须对金融业施行必要的管制。但不可否认的是，金融市场化在调节资源配置、提高经济效率等方面发挥着巨大的作用。因此，稳步推进金融市场化发展对我国的经济发展有着重要的实践意义。从银行业发展的微观角度看，中国企业的融资手段依然以商业银行贷款的间接融资为主，在这样的背景下加强银行业的风险监管对我国的意义尤为重要。中国银监会对银行的监管一直以《巴塞尔协议》为蓝本依托，制定符合中国国情的监管制度。而《巴塞尔协议》的三大监管支柱为：(1) 最低资本充足要求；(2) 监管当局监管；(3) 市场约束监管。所谓市场约束，即是指发挥市场力量对银行业的风险行为构成约束，形成一种以市场为导向的监管机制风险控制概念。可见，市场约束是集合市场经济和监管机制的风险控制概念。作为《巴塞尔协议》银行监管的第三大支柱，市场约束在商业银行监管中发挥着不可替代的作用。

本书旨在运用从总体到细节的分析框架与方法，并结合金融学分支以及数学的重要原理，同时利用计量方法和翔实的数据对中国商业银行的市场约束情况进行理论分析和实证研究。在理论方面，建立综合考察市场约束主要主体——存款人、债权人、股东的激励机制以及商业银行对市场约束的博弈反应等模型；在实证方面，结合中国上市商业银行的实际数据进行逐一分析，进而研究市场约束如何发挥其对商业银行监管的主要规律和作用机制，并结合中国实际，探求市场约束在我国的发展情况。通过以上分析论述得出关于如何通过市场约束促进商业银行监管的结论，并对中国的银行业监管发展进行展望。

本书研究内容共分八章。

第一章介绍问题提出的背景、研究思路、方法、特点，以及创新点及难点。

第二章回顾了市场约束及其相关内容的重要文献，并从整体上阐述了市场约束的作用机制。详细论述了市场约束的历史、发挥作用的一般原理、市场约束的内涵及主体（存款人、次级债投资人、股东等）。在文献综述的同时简要地分析了市场约束的条件及发展，也分析了市场约束与其他监管支柱的联系。

从第三章开始，具体分析市场约束主体在中国的实际情况。

第三章从存款人的角度对市场约束作用的发挥进行论述。理论部分介绍了存款人发挥市场约束作用的机理及重要意义。实证部分就我国的存款市场进行了统计性描述及市场约束的计量分析。

第四章从次级债投资人的角度对市场约束进行了论述。应用资产定价的原理，用数学模型推导了次级债投资人如何发挥市场约束作用，并就商业银行引入次级债后会引起其他利益相关人的变化进行了分析。通过建立数学模型和数值模拟就我国次级债市场等问题的特殊性进行了分析。还就我国商业银行次级债发展的特有现象——"相互持有"的角度对市场约束的影响进行了分析。

第五章从股东在股市进行交易的角度，对我国上市商业银行的市场约束进行了分析。本章论述了股东市场约束的内涵、意义，分析了我国商业银行股东的市场约束存在的途径。实证部分用 GMM 动态面板分析了基于股票交易的角度对商业银行风险的市场约束。实证结果显示，股票市场交易的非系统性波动对商业银行的风险管理构成了市场约束。

第六章主要论述了市场约束受到周围环境怎样的影响，以及面对市场约束，商业银行会进行哪些相应的博弈。论述了信息披露与市场约束的关系；如果存在市场约束，或者市场约束预期，商业银行会做出盈余管理、资本管理、流动性管理、监管资本套利等博弈及外部环境对市场约束的影响。

第七章总结了市场约束在我国的发展情况，对如何在我国践行市场约束等问题进行了分析。第八章为研究的总结论和未来的研究方向。

通过理论和实证分析，本书得出如下结论：

第一，市场约束在商业银行监管问题上发挥着不可替代的作用。

第二，中国商业银行的市场约束机制还很薄弱，尤其表现在存款人及次级债投资人上。

第三，面对市场约束，商业银行会做出盈余管理、资本管理等博弈反应。市场约束总体上促进了《巴塞尔协议》的另外两大监管支柱。

第四，市场约束的发展在我国银行业是必要且重要的，因此应加强我国商业银行的市场约束监管，这对我国商业银行乃至金融业的健康发展具有重要意义。

在本书的写作过程中，笔者感谢东北财经大学邢天才教授、南开大学赵胜民教授、中国人民大学王孝松副教授、复旦大学许友传老师、中央财经大学方意老师、东北大学张永超老师、天津财经大学张瑜老师、《股市动态分析》主编赵迪先生等学者给出的建议。教学相长，感谢我的学生们给予的灵感和帮助。当然，更感谢父母给予的无限支持和关爱。这些都是我在科研中继续前进的动力。

翟光宇
2014 年 7 月 26 日于东北财经大学

INTRODUCTION

China has gradually change from a planned economy into a market economy model through this three decades, but in the financial industry, the development of market economy is not perfect from a macroeconomic perspective. Chinese financial industry is still a government – led industry, and the control of the financial sector by the Chinese government is strong. The strong control embodies in the nature of state – controlled commercial banks; the central bank develop the unified deposit and lending rate; and the control of the size of credit and other aspects. Although financil liberalization has been controversial, national security and political stability for the financial and other considerations must be necessary for the implementation of financial sector regulation. But it is undeniable that the financial market can increase economic efficiency in the regulation of resource allocation. So steadily promote financial market development for China's economic development has important practical significance. The indirect financing of Chinese enterprises is still bank loans, from the micro perspective of banking. In this context to strengthen banking supervision in China's sense of risk is particularly important. China Banking Regulatory Commission's regulation of banking industry has been relying on Basel and China's national conditions. The three regulatory pillars of Basel are: (1) captital adequacy regulation; (2) supervision of regulatory authorities; (3) market discipline. The so – called market discipline is the play of market forces on the risk of the banking sector constituted constraints, which form a market – oriented regulatory mechanisms.

So the market discipline is the collection of market economy and the regulatory mechanism. As the third pillar of Basel II, market discipline in the regulation of commercial banks plays an irreplaceable role.

This book aims to use the analytical method from general framework to details combine with finance branch and the important principles of mathematics. and apply of measurement methods and detailed data on market discipline of Chinese commercial banks to conduct theoretical analysis and empirical research. This book aims to establish a comprehensive study of the subject of market discipline: depositors, crediors, shareholders and the game between the banks and the market discipline by theory models. In empirical , this book analyzes the actual data of Chinese commercial banks, studies the main rules and mechanisms how the market discipline plays its banking supervision, and explores the development of market discipline in our country combined with Chinese reality. This book draws some conclusions on how to promote banking supervision by market discipline, and makes the outlook of the development of Chinese banking regulatory.

This book contains eight chapters. The first chapter introduces the background of issues, the ideas, methods, features, and the innovation of this book. The second chapter is about the reviews of the literature and the theory. This chapter reviews the important documents of the market discipline and related content, and summarizes the mechanism of market discipline. This chapter discuss the history of market discipline, the general principles of market discipline, the contents of market discipline, subjects (depositors, the investors of subordinated debt, shareholders et al.) . This chaper briefly analyzes the conditions of market discipline and also analyzes the contact of market discipline and the other two pillars. This book begins to analyze the subjects of market discipline from the third chapter. The third chapter discusses the market discipline from the perspective of depositors. Theoretical part describes the mechanism and significance of depositors in market discipline, while the empirical part makes a statistical description and quantitative analysis of deposit market. The forth chapter discusses the market discipline from the perspective of subordinated debt market. By application of asset pricing theory, we use the mathematical models to derive how subordinated debt investors play the role of market discipline, and analyze the changes of other related subjects after the introduction of commercial bank subordinated debt. In the light of the large – scale cross – ownership of the subordinated debts of domestic commercial banks, this book attempts to investigate the implication of the cross − ownership of subordinated debts, by means of the establishment of related mathematical models and the application of numerical analysis. The fifth chapter analyzes the market discipline from the perspective of the shareholders in the stock market transactions. This chapter discusses the content, the significance and the ways of shareholders market discipline. The GMM dynamic panel analysis is used to analyze the stock trading market discipline in empirical part. whose conclusion shows that stock market volatility in trading of non − systematic constitutes the market discipline. The sixth chapter discusses the environment that impacts market discipline. And what games commercial banks will make when they face to the market discipline. This chapter also discusses the relationship between market discipline and information disclosure. If there is market discipline, or the expection of market discipline, commercial banks will make earnings management, capital management and regulatory capital arbitrage games and the external environment impact on market discipline. The seventh chapter summarizes the development of market discipline in our country, and also analyzes how to practice the market discipline in our country. The eighth chapter makes the general conclusions of this book and the future research directions.

This book draws the conclusions through theoretical and empirical analysis: first, market discipline play an irreplaceable role in commercial banks regulation. Second, Chinese commercial banks'market discipline is still weak, especially in the depositors and subordinated debt markets. Third, some commercial banks will make earnings management, capital management and other games when they face the market discipline. Market discipline will promote other two pillars of Basel. Fourth, the development of market discipline in Chinese banking industry is necessary and important, so we must strengthen the market discipline, that is crucial to the healthy development of Chinese commercial banks.

During the course of writing this book, I appreciate the Professor Xing Tiancai of Dongbei University of Finance and Economics, Professor Zhao Shengmin of Nankai University, Wang Xiaosong of Renmin University of China, Xu Youchuan of Fudan University, Fang Yi of Central University of Finance and Economics, Zhang Yongchao of Northeastern University, the inspiration given by my students and wore importantly, thanks the love from my parents. These give me the motivation to continue to move forward in scientific research.

Zhai Guangyn
Dongbei University of Finance and Economics July 26, 2014

目 录

第一章 导论 ... 1

第一节 问题的提出 ... 1
一 现实背景 ... 1
二 理论起源 ... 3

第二节 研究方法 ... 4
一 研究角度和方法 ... 4
二 研究工具 ... 4

第三节 研究思路和结构安排 ... 4
一 研究思路 ... 4
二 结构安排 ... 5

第四节 主要创新点 ... 7

第二章 理论综述及文献评述 ... 8

第一节 市场约束的起源 ... 8

第二节 市场约束的一般原理 ... 9
一 市场约束的内涵 ... 9
二 市场约束的主体 ... 11

第三节 市场约束有效及其发展的条件 ... 15
一 市场约束有效的条件 ... 15
二 市场约束与信息披露 ... 16
三 市场约束与安全网 ... 18
四 市场约束的有效性 ... 19

第四节 市场约束与《巴塞尔协议》 ... 20
一 市场约束与资本充足监管 ... 21

二　市场约束与官方监管 ……………………………………… 21
　　本章小结 …………………………………………………………… 24

第三章　存款人的市场约束分析 …………………………………… 26
　第一节　引言 ……………………………………………………… 26
　第二节　理论分析 ………………………………………………… 27
　　一　存款人市场约束的机理分析 ………………………………… 27
　　二　存款人市场约束的重要意义 ………………………………… 29
　第三节　实证分析 ………………………………………………… 29
　　一　计量模型的设计 ……………………………………………… 29
　　二　数据的统计描述及初步的计量分析 ………………………… 30
　　三　改进后的计量结果分析 ……………………………………… 31
　本章小结 …………………………………………………………… 34

第四章　次级债投资人的市场约束分析 …………………………… 36
　第一节　引言 ……………………………………………………… 36
　第二节　文献综述 ………………………………………………… 38
　第三节　次级债市场约束的理论模型 …………………………… 40
　　一　基本引理 ……………………………………………………… 40
　　二　对次级债投资人市场约束的分析 …………………………… 42
　　三　次级债对存款人市场约束影响的分析 ……………………… 45
　第四节　我国次级债市场约束的发展 …………………………… 51
　　一　次级债在中国发展的概况及特殊性 ………………………… 51
　　二　研究思路及文献回顾 ………………………………………… 53
　　三　相互持有的数理分析 ………………………………………… 56
　　四　结合我国现实的说明 ………………………………………… 66
　　五　研究意义及建议 ……………………………………………… 68
　本章小结 …………………………………………………………… 70

第五章　股东的市场约束分析 ……………………………………… 72
　第一节　引言 ……………………………………………………… 72
　第二节　实证分析 ………………………………………………… 74

　　　　　一　计量模型的设计 …………………………………… 74
　　　　　二　数据的描述性统计 ………………………………… 75
　　　　　三　实证结论 …………………………………………… 76
　　本章小结 …………………………………………………………… 77
　　　　　一　加强强制信息披露，鼓励自愿信息披露 ………… 78
　　　　　二　增强市场主体对商业银行风险的敏感度 ………… 78
　　　　　三　继续拓宽金融市场发展，促进金融市场化 ……… 78

第六章　市场约束的条件及博弈 ……………………………………… 79
　　第一节　商业银行的信息披露 …………………………………… 80
　　　　　一　信息披露与市场约束 ……………………………… 80
　　　　　二　强制信息披露与自愿信息披露 …………………… 81
　　　　　三　《巴塞尔协议》与信息披露 ……………………… 82
　　　　　四　我国商业银行信息披露现状及发展概述 ………… 82
　　　　　五　我国银行董事会秘书持股与信息披露质量 ……… 84
　　　　　六　信息披露的未来研究设想 ………………………… 99
　　第二节　盈余管理、资本管理和监管资本套利 ………………… 99
　　　　　一　关于盈余管理和资本管理 ………………………… 99
　　　　　二　盈余管理和资本管理的理论分析 ………………… 100
　　　　　三　盈余管理和资本管理的实证分析 ………………… 104
　　　　　四　商业银行的监管资本套利分析 …………………… 109
　　　　　五　小结 ………………………………………………… 115
　　第三节　流动性管理——以存贷比为例 ………………………… 116
　　　　　一　存贷比的内涵 ……………………………………… 116
　　　　　二　存贷比监管的形成：历史背景及内因 …………… 116
　　　　　三　存贷比监管的争议：理论分析 …………………… 117
　　　　　四　实证分析 …………………………………………… 122
　　　　　五　结论和政策建议 …………………………………… 133
　　第四节　外部环境对市场约束的影响 …………………………… 134
　　　　　一　隐性保险对市场约束的影响 ……………………… 134
　　　　　二　存款保险制度对市场约束的影响 ………………… 137
　　　　　三　中央银行政策对市场约束的影响 ………………… 137

本章小结…………………………………………………………138

第七章　对我国践行市场约束的思考……………………………140

　　第一节　市场约束在我国目前的发展概述……………………140
　　第二节　我国发展市场约束的必要性…………………………142
　　第三节　我国如何发展市场约束的思考………………………145
　　　　一　市场约束不是监管主力…………………………………145
　　　　二　培育主体的金融素质……………………………………145
　　　　三　进一步完善金融市场体系………………………………146
　　　　四　积极发展次级债市场……………………………………146
　　　　五　进一步完善信息披露制度………………………………146
　　　　六　隐性担保是否应该退出…………………………………147
　　　　七　加强信用评级建设………………………………………148
　　　　八　注重第三方的力量………………………………………148
　　　　九　建立预警及挽回措施……………………………………148

第八章　结论与展望…………………………………………………149

　　第一节　结论总结………………………………………………149
　　第二节　市场约束前景展望……………………………………149
　　第三节　未来研究方向…………………………………………151

附录　第四章推导及证明……………………………………………153

　　　　一　关于（4-2）式的推导过程………………………………153
　　　　二　关于 S_0^1 相关参数的表达式………………………………154
　　　　三　关于 $\frac{\partial \tilde{S}_0^1}{\partial \sigma_2}$ 的计算过程………………………………154

参考文献………………………………………………………………156

后记……………………………………………………………………172

第一章 导 论

第一节 问题的提出

一、现实背景

近年来,金融业快速发展的浪潮正在以前所未有的态势向世界昭示:金融业正在以其巨大的力量影响着世界经济格局甚至政治格局的改变。因此,维护金融业安全与金融业稳定必然成为每个国家经济工作的重中之重。而银行业又在许多国家的金融业中处于极其重要的地位。随着时代的发展,商业银行的作用也日益广化和深化。商业银行的业务包括吸收存款、提供信贷、财务咨询、销售端收费,以及参加证券市场交易等。如今银行业已经是很多国家资本流动的核心载体。但是由于商业银行的经营对象是货币,这种特殊性导致其高负债性并由此衍生出银行系统的脆弱性和风险集中的特征。一旦发生银行危机,将会危及整个国家的经济状况。因此包括我国在内的很多国家都对银行业的监管重视有加。在银行监管中享有国际声誉的国际清算银行(Bank for International Settlements, BIS)的巴塞尔委员会在2004年的《巴塞尔协议Ⅱ》中明确了商业银行监管的三大支柱:最低资本要求、监管当局的监管、市场约束(Market Discipline)。明确把市场约束这一强调依靠市场力量对商业银行风险进行监督的机制提升为国际认同的监管方式。[1] 随着商业银行风险的日益差别化、细致化,单纯依赖官方监管往往无法达到有效的结果。因为官方监管可能成本巨大,受制于各种政治利益或者制定统一标准的困难。例如,制定统一的资

---

[1] 巴塞尔委员会关于市场约束的文件有很多,例如早在1997年发布的《有效银行监管核心原则》中指出,有效的市场约束是银行监管有效的先决条件。

本充足率的标准计算方法往往不适于各个国家各个商业银行的具体情况。而且官方监管也会出现服从于各利益集团的现象。例如，在对始于2007年的美国次贷危机的反思中，白钦先教授认为该危机发生的一个主要原因就是官方金融监管的失败（白钦先和谭庆华，2010）。尽管《巴塞尔协议Ⅱ》已经把市场约束提到了支柱性的地位，但是似乎并没有引起各国的足够重视。而近年来频频爆发的大小金融危机，也提醒我们现在应该是对传统的金融监管过度依赖监管当局的模式进行反思的时候了。

我国现代市场经济改革始于1978年，经过30多年的经济改革进程，我国已经很大程度上完成了从最初的价格双轨制到现在的市场化定价的目标。但是就金融领域来看，国家依然在扮演以政府为主导的角色。不但占全国银行资产50%以上的四大行由国家控股，而且金融定价权（如存款基准利率）基本被国家行政所垄断。但同时金融市场化改革的进程也一直在不断深化，例如2005年我国开始施行有浮动的汇率管理制度；截至2012年2月，我国已经有16家商业银行完成了上市；2010年年底的财经论坛上中国人民银行行长周小川明确指出，"十二五"期间要加快利率市场化进程。这一系列的改革进程表明，我国金融领域也在逐步摆脱行政管制，加快向市场化迈进。同时我国对商业银行业的监管也在逐步走向成熟，并且日益得到社会各界的认可和重视，如2003年银监会成立后对促进我国商业银行资本充足、关注流动性风险等方面的贡献。

以上事实表明，走市场化道路和重视金融监管已经成为我国金融业发展的大势所趋，是我国金融业发展的必然道路。那么，无论是走市场化道路，还是强化金融监管，都需要日益重视市场约束。因为市场约束的本质就是立足于市场经济，利用市场的力量对商业银行进行监管。众所周知，控制风险是金融监管的首要目标。但是除此之外，提高金融市场的效率，保证金融市场的公平竞争也是金融监管的目标。那么市场约束就会更好地适应了这些目标的发展。市场约束不仅可以控制商业银行的风险，而且可以促进金融市场的公平竞争，市场约束也可以提高信息披露的数量与质量等，因此有效的市场约束可以促进金融业效率的提高。而且前文也提到了，单纯依赖官方监管必将造成很多弊端，金融业的发展需要市场约束的发展。

综上所述，市场约束必将发挥日益重要的作用。鉴于以上国际与国内背景，本书认为，对市场约束这一问题进行深入研究对我国商业银行的发展和商业银行监管将具有重大的现实意义。因此，本书选择市场约束这一研究对象，进行研究。

二 理论起源

委托—代理理论、信号显示、商业银行的社会性及市场竞争性可以用来作为市场约束存在和起源的理论基础。

委托—代理理论广义来讲是源于企业管理层和所有者信息的不对称。一般而言，商业银行所有者和其他企业所有者一样，其目标基本在于追求利润的最大化。而商业银行管理层往往出于其自身目的追求一些诸如社会地位、银行规模、自身利益等短期目标。在商业银行上市以后，按照委托—代理理论，中小股东尤其有激励要求商业银行披露其经营信息。而这种最原始的信息披露，即可以构成商业银行最初级的市场约束。即如果股东投资者认为管理层没有进行很好的风险管理，其可以选择不投资该商业银行。引申下去，包括商业银行资金来源的债券投资者和存款人等债权人都会因此要求商业银行披露信息。如果管理层没有进行很好的风险管理，那么其管理的商业银行就会面临资金成本加剧等困境。事实上，《巴塞尔协议Ⅱ》把市场约束列为第三大支柱，正是从公司治理的角度来看待商业银行的，认为商业银行应像其他企业一样，理顺拥有者和经营者之间的委托—代理关系。这样，经营者才可能进行信息披露和市场约束。

市场竞争性和信号显示可以结合在一起构成商业银行市场约束的又一理论基础。在激烈的市场竞争条件下，尤其是在当今国际资本流动日益加快的情况下，商业银行在争取资金来源等方面的竞争会更加激烈。同时资本市场的发展，第三方支付（如支付宝）等非银行金融机构支付业务的兴起使得金融脱媒的现象越来越严重。在这样的背景下，经营良好的商业银行会主动进行信号显示，显示其经营良好的业绩。由此形成了商业银行与投资人的良性循环。

最后，商业银行的特殊地位决定了其社会属性非常重要。商业银行一旦经营不善濒于破产，其产生的挤兑现象导致的"羊群效应"会严重危害实体经济甚至导致金融危机。因此，商业银行的社会敏感性也需要社会各界特别是媒体等第三方对其的关注。由于第三方的关注，客观上也形成了对商业银行市场约束有效性的促进。

第二节　研究方法

一　研究角度和方法

笔者通过对市场约束的相关文献的回顾和总结，通过文字说明和数学模型，全面地论述及推理市场约束的主体，以及市场约束主体的存在性、重要性和有效性，并结合我国的实际情况对我国当前商业银行的市场约束进行了各个主要主体（股东、存款人、次级债投资人等）的实证分析。笔者论述的过程中也分析了市场约束可能引发的市场博弈和外部环境的影响，如商业银行的盈余管理、资本管理、监管资本套利等。

本书坚持经济建模与计量分析相结合的研究方法。在研究过程中，本书采取传统经济学的基本分析方法，即定性和定量相结合，在定性分析中，本书不局限于纯文字的论述，重视经济理论和数学模型的完美结合，而且并不局限于数学建模的逻辑性与严密性，非常注重数学模型与中国现实的结合。在定量分析中，尤为重视实证分析的计量模型与中国现实的拟合性。在论述的过程中注重规范分析与实证分析的结合。既阐明了市场约束是什么、发挥市场约束有效性的主体有哪些、我国市场约束的实际情况等基于数据的实证分析，又在此基础上论述了本书的观点及政策建议，即市场约束在我国应该如何发展、如何促进其有效性的政策建议。在全文的论述中，始终坚持理论与实践相结合的方法，坚持理论为实践服务的观点。将市场约束理论与现实中发生的金融现象结合起来，分析其相关性及如何利用市场约束，从而更好地为我国的金融业发展服务。

二　研究工具

本书的研究工具主要涉及微观经济学、计量经济学、数学随机分析、统计学、会计学等。运用的计量软件涉及 Eviews 6.0、Stat 10.1、Excel 2007、Mathematics 7.0 等。

第三节　研究思路和结构安排

一　研究思路

本书旨在分析商业银行监管中的重要角色——市场约束。探讨如何发挥其有效性及我国市场约束的发展情况。在引用并评述现有文献的基础上，本书将按照市场约束相关历史的介绍、市场约束主体的利益激励、如何发挥市场约束的作用、市场约束引发的商业银行的博弈及市场约束受外部环境的影响这几部分进行。每一部分基本上按照相关事实的分析—理论分析—实证分析—结论的逻辑关系进行。

具体来说，《巴塞尔协议Ⅱ》将市场约束指定为商业银行监管的第三大支柱，与最低资本要求、监管当局监管一起并列，足以见得其重要地位。正是因为市场约束具有重要的现实意义，本书首先介绍其发展历史及其内涵，然后在此基础上论述市场约束发挥作用的机理及市场约束的重要性。为了充分阐述市场约束如何发挥商业银行监管的作用，本书就市场约束的主要主体——存款人、次级债投资人、股东分别进行详细论述，并在事实和理论的基础上对我国实际情况进行计量分析。论述完毕市场约束主体发挥的作用后，本书就市场约束引发的商业银行博弈进行了探讨，并以常见的盈余管理和资本管理等现象为例进行实证分析。本书还对市场约束的外部环境、市场约束与其他监管方式的联系、影响市场约束发挥作用的因素进行了总体论述。在以上理论和实证分析之后，就我国市场约束的总体情况进行了总结分析并提出了相应的政策建议。最后是本书的总结论及对市场约束研究未来的展望。

二 结构安排

在上述思路指导下，本书共分为八章。其中，第一章为导论，第二章为理论综述及文献评述，第三至第七章为本书的主体部分，第八章为结论与未来研究方向展望。图1-1描述了各章之间的逻辑关系。

第二章详细论述了市场约束的历史、发挥作用的一般原理，市场约束的内涵及主体。在文献综述的同时简要地分析了市场约束的条件及发展，也分析了市场约束与其他监管方式的联系。

从第三章开始，分别对市场约束的主要主体（存款人、次级债投资人、股东）进行分析。第三章从存款人的角度对市场约束作用的发挥进行论述。理论部分介绍了存款人发挥市场约束作用的机理及重要意义。实证部分就我国的存款市场进行了统计性描述及计量分析。最后是本章的小结。

第四章从次级债投资人的角度对市场约束进行论述。基于资产定价的原理，用数学模型推导了次级债投资人如何发挥市场约束作用，并就商业银行引入次级债后会引起其他利益相关人（存款人）的变化进行分析，同时，就我国次级债市场"相互持有"等问题的特殊性进行分析。最后是本章小结。

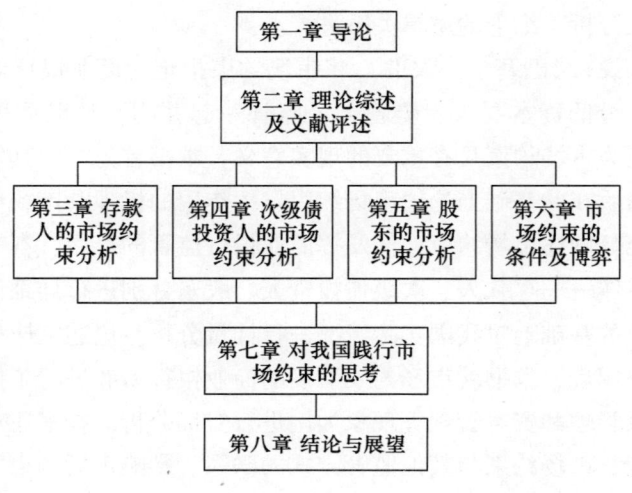

图 1-1　研究结构

第五章从股东股市交易角度，对我国上市商业银行的市场约束进行了分析。本章首先论述股东市场约束的内涵、意义，接着分析我国商业银行股东的市场约束存在的途径。实证部分用 GMM 动态面板分析基于股票交易角度，股东对商业银行风险的市场约束。实证结果显示，股票市场交易的非系统性波动对商业银行的风险管理构成了市场约束。

第六章主要论述信息披露与市场约束的关系，以及面对市场约束商业银行会进行哪些相应的博弈。如果存在市场约束，或者市场约束预期，商业银行会做出盈余管理、资本管理、流动性管理和监管资本套利等方面的博弈。

第七章就我国目前的情况总结了市场约束的概况，对商业银行的监管是否有必要重视市场约束，以及如何在我国践行市场约束等问题进行分析。

第八章总结全书的结论，并就市场约束未来的研究方向进行了探讨。

第四节　主要创新点

在理论分析中，本书尽力避免以往国内研究直接引入国外文献中的模型与中国现实情况相脱离的事实，注重结合中国现实的分析，提出具体创新的研究方法。例如在分析次级债对商业银行的市场约束中，在构建商业银行资产价值变化的模型时，本书突破既有文献基于几何布朗运动对商业银行资产的描述，充分考虑我国商业银行资产业务过于依赖贷款并且受监管当局行政干预等特点，在国内文献中首次基于带有跳跃扩散的几何布朗运动假设对商业银行资产负债结构进行随机建模，刻画商业银行资产变动特征（包括商业银行风险行为）对其利益相关人的影响。本书充分考虑我国国情，在对次级债的市场约束分析中，在国内文献中首次提出基于"相互持有"这个我国特有的次级债发展现象进行数理建模，得出"相互持有"削弱次级债的市场约束的本质作用等相关结论，并探讨"相互持有"造成市场约束削弱的途径。

在实证分析中，本书也注重结合中国实际情况进行计量分析。例如，传统文献一般通过计量分析存款人及次级债持有人对商业银行利息风险溢价等数量及价格的直接约束与间接约束，但是在中国，公众普遍对政府有隐性担保预期的现实情况下，在中国商业银行大量发行次级债，其直接目的在于满足资本充足以实现上市冲刺的背景下，仅仅分析存款人及次级债投资人似乎无法真实地体现我国市场约束的存在性。因此本书选择商业银行非系统性波动作为我国市场约束的出发点进行研究。

本书还对市场约束可能造成的博弈问题进行了分析。例如，商业银行可能因此进行盈余管理、资本管理和监管资本套利等此类信号显示。如果进行盈余管理等信号显示，那么其选择的工具是否会对商业银行的成本及利润效率造成影响？市场约束所处的环境会对市场约束的有效性造成哪些影响，等等。

第二章 理论综述及文献评述

市场约束作为《巴塞尔协议Ⅱ》及《巴塞尔协议Ⅲ》商业银行监管的"三大支柱"之一，其发展经历了长久的历程并且拥有丰富的理论内涵。近年来，频繁爆发的大小金融危机引起了金融界对过去金融监管模式的反思和对未来监管发展的思考。在这样的背景下，关注市场约束为金融监管开辟了新的道路。那么，市场约束到底是什么？其主客体是什么？究竟如何促进市场约束的健康有效发展？本章将对市场约束进行全面初步的介绍，包括市场约束的历史、内涵及未来可能的发展方向。本章特别论述了市场约束和资本充足要求、官方监管的关系，包括其联系、区别以及如何共同协调发展以促进金融监管的有效和最优，从而建立市场约束理论分析的整体宏观框架。

第一节 市场约束的起源

市场约束的渊源最早可以追溯到20世纪30年代美国的金融市场。在20世纪30年代以前，市场约束是银行监管业的主要形式。1929—1933年的大萧条发生后，官方监管逐渐取代了市场约束。可以说市场约束的诞生与发展一直伴随着金融业的发展历程。到了20世纪60年代以后，银行倒闭事件增加，以麦金农为代表的金融自由化掀起了金融创新规避监管的浪潮。金融自由化的主要依据是政府监管容易造成道德风险和商业银行效率的降低。银行业的官方监管压制了商业银行业的发展，最终与最初设立的监管目标背道而驰。20世纪80年代后发生的一系列银行危机，再次促使人们对监管当局监管失灵和安全网等道德风险进行反思（王静，2010）。于是市场约束再次兴起。这也又一次说明了金融监管不仅要保证风险的可控，也表明了效率也是金融监管追求的目标。市场约束理论的正式提出源于《巴塞尔协议》。1997年《有效银行监管核心原则》正式将有效的市场约束和信息披露列为官方监管的补充。1999年《新的资本充足率框架》征求意见稿首次将市场约束列为"三大支柱"之一。2004年《巴塞尔资本协议Ⅱ》指出，市场约束意味着市场参与者通过市场的有效信息，如根据商业银行的财务信息等做出自己的理性选择，并作出相关行动，最终促使商业银行进行有效的风险管理。

第二节 市场约束的一般原理

从2004年《巴塞尔协议Ⅱ》把市场约束列为"三大支柱"后，学术界和业界都开始对市场约束理论进行广泛的关注和探讨。那么，市场约束到底是什么？什么才是有效的市场约束？市场约束和官方监管到底存在着怎样的关联和区别？有效的市场约束将来会走向何方等问题，都是本章需要论述的问题。

一 市场约束的内涵

市场约束（Market Discipline）是指商业银行利益相关人（存款人、次级债投资人、股东及交易对手等）通过对市场信息的收集和判断，出于其自身利益的考虑，对风险高的商业银行采取提高风险溢价等措施，从而造成风险高的商业银行融资成本增加，迫使商业银行降低风险。即商业银行利益相关人通过自身行为选择，影响商业银行的资金来源成本和资产价格等，从而对商业银行产生一定的约束作用，促使商业银行降低风险（如有利于控制流动性风险和信用风险），提高商业银行运营效率，并最终淘汰经营不善的商业银行的市场行为。具体来说，就是存款人可以通过对风险高的商业银行进行"用脚投票"或者要求更高的存款利息；债券投资人也可以同样进行"用脚投票"和要求更高的风险溢价；股东可以放弃持有高风险的商业银行股票进而选择风险低的商业银行进行投资（Berger，1991）；交易对手（如商业银行间的同业拆借对手）也可以对风险高的商业银行要求高的风险溢价。总之，通过类似的市场选择行为达到使风险管理得好的商业银行可以获得更便利、成本更小的融资等条件，并最终使风险高的商业银行退出市场。《巴塞尔协议Ⅱ》指出：市场约束是一种商业银行的风险监管机制。它代表了财富受商业银行风险行为影响的所有市场参与主体的约束力量。这表明，市场约束的本质属性为通过市场行为保护市场参与者自身利益的一种途径。

市场约束发挥作用的过程可以分为两个阶段，即监督阶段和影响阶段。监督阶段对应的是市场约束主体的认识阶段，即市场约束主体能正确认识风险，并依据风险信息作出有利于自己的选择。影响阶段也即商业银行依据市场约束主体的行为选择的过程，从而对自身进行风险管理经营调整的阶段（Bliss and Flannery，2000）。在监督阶段，商业银行利益相关人发现商业银行风险并准备采取相应措施。而在影响阶段，商业银行利益相关人会根据对其自身有利的选择，采取行动对自身资产组合进行风险调整，从而构成对商业银行风险选择的影响。只有完成了监督和影响两个阶段，市场约束才是有效的。市场约束的监督前提除了需要商业银行的信息披露，还需要商业银行利益相关人对商业银行风险的敏感性以及自身行为选择的可行性。而影响阶段，则往往受制于金融市场的发达与竞争程度。[①] 市场约束也可分为直接效应和间接效应（Kwast and Mletal，1999）。直接效应意味着市场约束主体通过直接的约束手段来影响商业银行的风险承担，如债券投资人提高风险溢酬利率等。间接效应是指监管当局可以通过市场反应得到对商业银行更多的监管效率。

市场约束的有效也即市场约束主体能够观察并正确认识到自己和商业银行的风险，再通过提高经营风险高的商业银行的融资成本，减少其融资途径等方法迫使商业银行降低其风险（Morgan and Stiroh，2000）。Hamalainen 等（2004）同样认为，所谓有效的市场约束，即市场力量导致商业银行成本和资金可得性的改变，可以促使商业银行做出相应的反应。也就是促进管理层对商业银行采取经营和管理措施，降低其面临的风险形成正面激励。市场约束除了存在能约束商业银行的风险激励外，也有学者认为市场约束可以促进商业银行的经营治理，从而提高商业银行和金融市场的效率。伯格（Berger，1991）提出市场约束的公司治理效应，即市场约束的存在，可以令原本存在经营问题的商业银行增进其经营效率，或者被迫从金融系统中退出，从而实现行业竞争的优胜劣汰。市场约束作用的发

---

① Flannery（2003）认为，商业银行的市场约束应该包括识别、控制和影响三个阶段。Llewellyn（2005）认为，市场约束应包括利益相关者监督商业银行、利益相关者采取行动、制裁商业银行以及商业银行管理层改正四个过程。Hamalainen（2003）将市场约束分为识别和控制两个阶段。本书认为，其实质与监督阶段和影响阶段并无区别。

挥有时也有助于增强监管当局监管的力量，如市场约束对资产交易引发的行为可以为监管当局的监管提供信息，促使监管当局采取措施降低银行业的风险。

由以上论述可以得出以下几点结论。

（1）市场约束的主体。商业银行的利益相关者——存款人、次级债投资人、股东、交易对手、大客户等。

（2）市场约束的客体。存款利率、债券收益率、拆借利率及抵押物等。

（3）市场约束的方式。数量约束（如"用脚投票"）、价格约束（提高收益率等风险溢价）等。

（4）市场约束的两个阶段。即监督阶段——利益相关人对商业银行进行甄别并做出行为选择；影响阶段——商业银行采取措施降低自身风险。

（5）市场约束的条件。信息披露，市场约束主体对信息做出正确评价，市场约束主体的行为对商业银行构成一定的成本等。

（6）市场约束的有效性。利益相关人通过市场信息做出判断，并且根据其判断做出选择，而且这种选择能够给商业银行带来成本，使商业银行进行充分的风险管理。

市场约束作用的发挥可以用图2-1直观地表示。

本章的后几节将对以上部分分别进行简要的总体介绍和文献综述，力图先总结出市场约束的大体框架，后续几章再对其逐一进行详细论述。

二 市场约束的主体

前文已经提到，市场约束的主体即主要为商业银行的利益相关者：存款人、次级债投资人、股东、交易对手、大客户等。如果按照市场约束的来源划分，也可以将市场约束分为五类：存款人（债权人）约束、股东约束、贷款人约束、金融市场（交易对手等）约束和劳动力（员工）市场约束。如果按照利益群体划分，市场约束利益相关者可以分为：经营利益方，即与商业银行资金与资产直接相关的主体，如股东、债权人、存款人；社会利益方，即自律组织、银行业协会等。但是多数文献认为，市场约束的主要力量是存款人、次级债投资人以及股东。例如，De Ceuster和Masschelein（2003）认为，商业银行的市场约束主要包括存款市场约束、次级债市场约束、股权市场约束三类。G. Caldwell（2007）设计了商业银行竞争的动态模型,比较分析了股东、次级债、未保险存款三类市场约束主体在降低商业银行风险时的作用。其结论认为,三类市场约束主体都能对商业银行产生市场约束作用,但是股权的市场约束最弱,最强的是未保险存款。

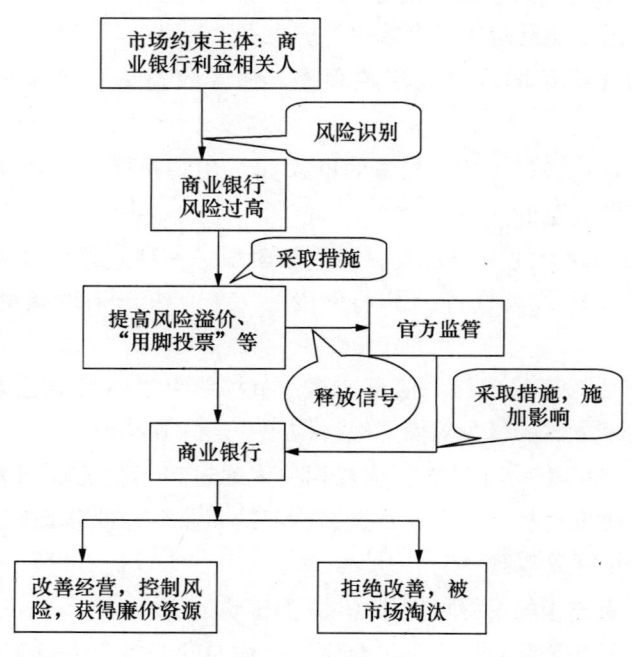

图 2－1　市场约束流程

存款人的市场约束即通过对风险高的商业银行要求较高的存款利率,或者"用脚投票"选择风险较低的商业银行进行存款,从而对风险高的商业银行构成融资成本压力,迫使其改善经营管理降低风险。存款约束的前提条件主要为:利率的市场化程度、商业银行安全网(如隐性担保)的存在等。关于存款人的市场约束的探讨,早期的国外文献多是从大额存单利率的实证角度进行实证分析。实证结果多数为大额存单利率随着商业银行风险的增加而增加,即市场约束存在(Baer and Brewer, 1986; Hannan and Hanweck, 1988; Brewer and Mondschean, 1994; Park, 1995; Ellis and Flannery, 1992)。近期的文献多从存款增长的角度进行实证分析。Park 和 Peristiani (1998) 的实证分析表明,美国的商业银行在 20 世纪 80

年代的时候存款增长与其违约概率负相关。Gorton 和 Pennacchi（1990）的实证结果同样如此，即商业银行的风险越大，其存款增长越慢。新兴市场国家的实证结果同样表明存款人的市场约束也是存在的，例如，Martinez 和 Schmukler（1999）对阿根廷、智利和墨西哥的研究。Ghosh 和 Das（2003）在对印度银行业的市场约束实证研究中，其结论认为印度存款人对高风险的商业银行实行了市场约束。K. Hosoho 等（2005）的研究发现，印尼在发生金融危机后，存款人对商业银行的风险敏感性得到了提高。国内文献多是从我国存款增长率或者从实际利息付出的角度进行分析。张正平和何广文（2005）通过对我国 14 家商业银行 1994—2003 年的存款实际支出与商业银行风险关系的实证研究发现，我国商业银行业的市场约束力非常弱。他们认为这可能源于我国政府的隐性担保。

债权人的市场约束即商业银行的债权人对风险高的商业银行要求较高的风险溢价，或者在债券交易中选择投资那些由风险较低的商业银行发行的债券，从而加大风险高的商业银行的融资成本，实现控制其风险行为的目的。相关文献对债权人的研究主要集中于次级债投资人。因为次级债的本质特征在于清偿权落后于存款及其他债务。由于缺乏资产的赔偿保障，因此次级债投资人往往对商业银行的风险更加关注。而且次级债往往具有周期长且上市交易的特征，所以市场信息传递得比较明显。正因为这些特征，次级债投资人往往会对商业银行的风险更加敏感一些。次级债投资人实施市场约束的前提主要为债券市场的发达程度等。Avery 等（1988）的研究指出，相对于存款人来说，次级债投资人存在更大的资产损失可能，因为次级债投资人无法像存款人那样可以选择提前赎回资金，因此其存在通过市场约束的行为来保障自己权益的激励。Estrella（2000）认为，次级债投资者往往存在强烈的动机去监督商业银行的风险管理行为，因为他们的投资资产很可能没有存款人那样的保障，即可以受到政府的相关保护。E. Nivorozhkin（2005）指出，次级债的价格具有"附加值"，能够为预测商业银行破产提供有用的信息，所以应强制次级债发行政策的实施。Bliss（2002）认为，次级债对商业银行风险的市场约束作用可以体现为：次级债投资人可以通过自身的投资选择对商业银行构成直接影响，一定程度内避免其高风险行为，而且次级债的市场收益率可以为监管当局提供信息。国外文献的研究结果还表现为：随着金融市场深化程度的阶段不同，其市场约束的有效性也不同。越是后期的样本，市场约束作用往往越明显。在1984年以前，次级债的风险溢酬并不随商业银行的风险增加而增加，但是到了1989年后，次级债的风险溢酬则与商业银行的风险呈正相关关系（Avery et al., 1988; Gorton and Santomero, 1999; Flannery and Sorescu, 1996）。进入21世纪后，对次级债发挥市场约束作用的研究主要沿着两个思路进行：一是研究次级债收益率与商业银行风险之间的相关性（Morgan and Stiroh, 2001; Jagtiani and Lemieux, 2000; Jagtiani et al., 2002; Evanoff and Wall, 2002; Sironi, 2002; Krishnan et al., 2003）；二是探求次级债的价格是否会对有效的信息作出相应的反应［Allen等（2001）和Harvey等（2003）］。除了对次级债的风险溢酬进行实证研究外，由于次级债也可以具有私募性质，所以也有文献就次级债的设计与商业银行的风险关系进行了研究（Hamalainen, 2004）。Goyal（2005）认为，如果次级债合约中对资金使用的限制性条款更加严格一些，那么就会相应降低商业银行的风险激励。在发行方式和发行规模上，Renston等（1986）认为，大型商业银行应该在全国性金融市场上发行次级债，小型商业银行则适合通过柜台向当地客户发行次级债。Horvitz（1986）则认为，次级债规模应该占其存款规模的4%以上。也有文献认为，次级债规模应该在商业银行风险加权资产的1%—2%（Litan and Rauch, 1997）或者4%—5%（Keehn, 1989）。还有一些文献从利率设定的方面进行了研究（Cooper and Fraser, 1995; Calomiris, 1997）。

商业银行股东的市场约束是指股东从自身利益出发，对商业银行经营者进行的风险约束。具体来说，商业银行股东对商业银行经营者的风险行为作出主动或被动反应。主动反应是指具有更换经理人，或者对经营者具有一定约束权力的股东（主要指大股东或者控股股东），可以通过公司治理机制制约或者惩罚现行经营者的高风险行为，迫使经营者按照股东的利益和意志来经营管理和降低风险。被动反应是指商业银行股东选择增持或减持该商业银行股权，以表达其对商业银行现行经营者选择的经营行为的奖励或惩罚，如中小股东在二级市场上的抛售。不过在商业银行已经出现经营危机的时刻，商业银行的股东也可能采取冒险行为，纵容经营者的高风险行为。所以股东的市场约束有时会呈现出多元性的特征。股东市场约束的前提主要是商业银行公司治理程度是否成熟、二级市场是否发达等。

商业银行在某种意义上说是一个提供金融服务的机构。如果因经营风险失去客户群，商业银行就无法在激烈的金融市场中生存。交易对手以及大客户对商业银行的市场约束的机理也源于对风险高的商业银行选择"用脚投票"或者提高资产收益率。在资本稀缺和客户制约的条件下,商业银行为了自身生存,必须以客户为中心,根据客户的要求进行经营选择,从而在经营管理中减少高风险的行为。随着网络等媒体的发展,新闻记者等与商业银行少有直接利益的社会主体也发挥着其市场约束作用。中央电视台拍摄的大型专题片《华尔街》中详细介绍了新闻媒体对金融业的市场约束作用。

第三节 市场约束有效及其发展的条件

前面两小节论述了市场约束的起源和其内涵,对市场约束有了一定的初步认识。那么本节继续论述和总结相关文献,对市场约束发挥作用及其发展所需的环境条件进行梳理。也即对市场约束的外延有一个整体印象,相关的观点将在以后的章节中进行详细论述。

一 市场约束有效的条件

通过前文的论述,可以得出有效的市场约束必须满足三个条件。

(1) 商业银行利益相关人可以得到商业银行相关风险的信息。这也意味着商业银行必须披露一些相关信息。如果市场约束主体得不到相关的信息,那么就无法根据信息作出判断。例如 Kane(1994)认为,市场约束发挥的核心条件是必须向社会提供金融机构及时并准确的信息。

(2) 商业银行利益相关人可以对这些风险信息做出正确的评价,并且可以根据自身情况进行选择。例如,Flannery(2001)和 Crockett(2001)都认为,市场约束得以发挥的条件之一在于私人投资者可以专业地对商业银行等金融机构的各类资产的收益和风险作出准确的评价。也就是说,利益相关人必须意识到如果商业银行面临高风险甚至破产等危机,其自身资产会受到损失。只有其自身资产安全受到威胁,利益相关人才有动力对商业银行进行风险甄别。这往往和一个国家对商业银行保护的安全网密切相关。如果国家对商业银行进行显性、隐性担保或者施行存款保险制度,那么市场约束主体对商业银行风险的关注度就会下降。由于对自身资产安全性不再担心,那么其通过自身行为采取行动的动机自然不再强烈。

(3) 商业银行利益相关人做出的行为选择可以对商业银行构成一定

的成本。这样，才能对商业银行产生激励，促使其采取足够的风险管理措施。如果市场约束主体只是进行了市场约束的"监督阶段"，而这种行为没有引起商业银行融资成本或者其他成本的提高，即商业银行没有经历"影响阶段"，那么市场约束也是无效的。Bliss 和 Flannery（2002）认为，有效的市场约束要求商业银行管理层能作出相应的反应，而且市场约束不但与利益主体有关，还与商业银行的公司治理机制有关。

BIS（1997）在《有效银行监管的核心原则》中也明确提出：市场约束的有效性取决于三个条件：（1）市场主体可以得到充分且准确的信息；（2）投资者充分了解其决策的过程和结果；（3）商业银行管理层存在进行奖惩的激励。只有同时满足了上述三个条件[①]，市场约束才会发挥作用。本书后面的章节也会对这些条件进行进一步的详细分析，并和市场约束主体的行为结合在一起进行论述。

二 市场约束与信息披露

商业银行的信息披露是指商业银行依法或自愿将反映其经营业绩、财务状况、风险状况、长期战略、风险暴露、风险管理措施、会计政策、经营业务、经营管理和公司治理的基本信息（包括财务的和非财务的、定性和定量相结合的）真实、准确、及时、完整地向存款人、投资人及其他利益相关人予以公开的过程（陈汉文和邓顺永，2003）。商业银行的信息披露大致分为两类：一类为强制性的信息披露，其往往是一个国家以法律法规形式做出的强制性规定；另一类为在强制性信息披露的基础上的自愿性披露。可以预期，在一个资本市场发达、信息传递迅速的国家，经营管理出色的商业银行会存在自愿披露信息的激励。因为财务报告可以显示商业银行良好的经营业绩，会令投资者和债权人感受到该商业银行的低风险式的稳健经营。可以增加投资人和债权人对其利率风险溢价降低的容忍度，从而降低该银行的融资成本（本书实证部分也将对此进行分析）。信息披露的质量对于市场约束的有效性起着至关重要的作用。巴曙松（2006）认为，市场约束的具体表现形式之一就是信息披露。不论是国际上银行业的监管组织，还是各国的官方监管机构，都越来越重视并日益完善其本国的商业银行的信息披露行为。巴塞尔委员会认为，只有银行业实

[①] 这三个条件涵盖较为成熟的金融市场、商业银行的公司治理、信息透明度等其他分类方法提到的条件。

行高标准的信息披露，市场约束主体才能够进行正确且完整的风险认知与评价。因此信息披露是市场约束的必要前提，因为信息披露有助于及时发现问题，市场主体的选择会迫使商业银行个体改善经营管理，也可以为商业银行业整体的系统性风险建立及时的预警，同时削弱政府隐性担保造成的商业银行的道德风险的激励。商业银行的信息披露有助于商业银行对经营风险进行审慎管理，从而降低商业银行的破产概率（Bhattachazya et al.，1998）。Erlend Nier 和 Ursel Baumann（2003）用 32 个国家的 729 家商业银行的调查数据，论证了通过增强资产负债表及其他数据的公开程度等类似的信息披露，确实有助于降低商业银行的破产风险。Cordella 和 Yeyati（1998）发现：如果信息披露得完全，即市场约束的主体可以顺利辨别商业银行的风险，就可以保证市场约束主体有机会对风险高的商业银行施行高利率的惩罚。这样在市场均衡的时候商业银行会选择低风险的稳健性。相反，如果信息披露得不完全，即商业银行的风险不能被观测到，那么商业银行会存在选择高风险的激励，即缺乏约束机制的结果。从而说明，商业银行向市场披露关于其风险的信息越多，市场约束越强，商业银行违约的风险就越小。Berger、Davies 和 Flannery（2000）通过实证研究证实，及时、准确的信息披露可以补充监管当局监管不足的局限性。而且市场信息对商业银行风险的捕捉往往比官方监管更具有前瞻性。Jordan 等（1999）通过实证研究发现，市场约束可以使金融市场更有效率，即便是问题银行，信息披露也不会恶化金融危机的发生。信息披露不仅对拥有先进的金融市场的发达国家的银行业有效，对新兴市场国家也会凸显出其作用。Gerard Caprio 和 Patrick Honohan（2004）认为，即便在不发达国家，信息披露同样可以发挥作用。Calomiris 和 Andrew（2000）在对阿根廷的市场约束研究中认为，应加强相关信息披露的改革，唯有采取此类措施才能加强市场约束作用。综上所述，国外很多文献都认为，信息披露有助于市场约束，从而改变商业银行的风险激励，并最终增进包括市场约束主体在内的社会福利，而且可以提高社会经济效率。相反，当商业银行的信息披露不充分时，则市场约束效应相对薄弱甚至缺失。

在国内文献方面，陆磊（1998）也认为，信息披露有助于提高监管当局监管效率与社会福利。李杰（2008）认为，信息披露并不是越多越好，其存在一个最优的情况。因为信息披露对商业银行存在发布成本，例如业务细则公开有时相当于商业机密被公开，存在被同业竞争者超越的可能。如果商业银行的风险并不是由其经营管理造成的，那么大量的信息披露也许会造成商业银行资本配置的无效性。影响信息披露有效性的因素包括同业竞争的强度、投资者的成熟度等。朱敏（2003）认为，信息披露虽然可以促进市场约束但是并不能代替官方监管，也无助于解决所有的问题，但是充分的信息披露有助于减少商业银行经营不善导致的损失。

三 市场约束与安全网

安全网是一个国家为维护本国金融系统的稳定而设置的保护。一般来说，安全网一定会存在于一国的金融体系中。得到普遍认同的安全网的构成包括政府对商业银行的隐性担保、存款保险制度等。

如果进行定性的推理，以政府为主导的安全网会削弱市场约束的有效性。比如安全网在我国体现得最为明显的就是政府对商业银行的隐性担保。即国家虽然没有明确声明，或者以法律形式保证在商业银行出现危机的时候对其采取救助，但是却用实际行动证明对其实现保护，例如政府注资商业银行等。除了隐性担保，安全网还包括存款保险等措施。这些安全网都会对商业银行造成追逐高风险的激励，同时也会减弱市场约束主体对商业银行风险的关注，最终减弱市场约束的有效性。很多文献从定量的角度对此类问题进行了探讨，其结果和定性的推理相一致。如 Imai（2006）对日本政府减少存款保险覆盖范围的改革研究中发现，市场约束在改革后得到了加强，但是隐性担保又成了影响存款的重要因素。Nier 和 Baumann（2006）通过实证分析得出结论，没有得到存款保险保护的存款能够对商业银行形成低风险的激励，而隐性担保则对市场约束的有效性造成了不好的影响。Thomson（1990）认为必须减少政府金融安全网的规模和范围，才能保证市场约束作用的发挥。杨谊和陆玉（2011）基于我国银行业处于不完全竞争市场的事实，通过改进 Salop 模型构建不完全竞争市场中的市场约束与存款保险理论模型，通过实证分析得出结论，安全网的存在令国有商业银行放贷冲动会更加强烈，吸收存款力度大，居民不关注商业银行本身的风险水平，削弱了市场约束作用。在对隐性担保的分析中，有的文献把国家的隐性担保视为完全的，即国家对金融机构的隐性担保采取一视同仁的做法（张正平和何广文，2005；Imai，2006；Nier and Baumann，2006）。也有文献指出，政府对发生危机的商业银行的救助采取区别对待的策略，即政府会根据问题银行是否会造成系统性危机等问题的大小选择谨慎行事。许友传（2008）指出，政府的隐性担保实质上是一种不完全担保，并用数学模型对此问题进行了详细的探讨和论证。Freixas（1999）、Goodhart 和 Huang（2005）都曾指出，如果发生了银行危机，政府对问题银行采取的救助经常会选择一种所谓的"建设性模糊"的态度。

四　市场约束的有效性

对于市场约束的质疑，多表现为对其是否可以有效控制风险的怀疑，以及对其是否可以产生社会收益表示怀疑。事实上，不能苛求市场约束替代官方监管。尽管各国监管当局对多大程度上推进加强市场约束存在很多的疑问，但是没有理由证明或者预期监管当局可以完全排除市场进行纯粹的官方监管。尽管市场约束也许无法像官方监管那样具有充分的"控制"风险的强制机制。但就目前现有的监管条件来看，增强市场约束一定有助于社会总体收益的产生和增加（Hamalainen，2006）。因为市场约束的加强，相当于提高商业银行追逐过高风险的成本，也可以提高官方监管的效率。但是确实有很多文献质疑市场约束作用有效性的存在，特别是一些早期的国外文献，例如 Avery、Belton 和 Goldberg（1998），Cargill（1989），Gorton 和 Santomero（1990）都没有发现存款利率或债券收益率对商业银行的风险有相关性或者存在对风险的敏感性。Nier 和 Baumann（2005）收集了 1993—2000 年 32 个国家的 729 家商业银行的面板数据，在实证分析市场约束在限制银行承担过度风险方面是否存在有效性的研究结论中表明：若政府的隐性担保没有取消，那么，市场约束的影响将被削弱。Sinan 和 Fatma（2007）的研究认为，现在对商业银行体系的市场约束发挥削弱风险的作用抱有很高的期望，很可能还为时尚早。Ray Soifer（2004）认为，市场约束作用的发挥会因为商业银行的金融中介的身份而受到较大的局限性：金融中介的性质和强制的信息披露之间存在内在矛盾，从而使银行业的信息披露不可能像其他行业一样。因为银行业存在为客户保护其资产秘密的义务和责任，以及其业务竞争存在机密的行业特殊性，所以，大量的信息披露很可能造成商业银行所获得的收益低于其信息披露成本。而且所谓的市场约束主体也许并不关注商业银行的风险模型，市场约束主体真正想得到的商业银行内部数据，比如具体的信贷投资组合，以及与之相对应的风险状况却几乎不可能获得。Gorton 和 Santomero（1990）认为，次级债的收益率与商业银行资产风险之间存在的是非单调变化的关系。在商业银行资产价值接近于高级债务价值时，次级债投资人因为可能无法收回自己的资产所得从而变得偏好风险，此时不会对商业银行进行市场约束。Duffee（1999）和 Randall（1989）认为，影响次级债的风险溢价因素太多，而且风险溢价也不一定及时得到监管当局的重视。E. Mark 等（2002）认为，市场约束作用的发挥存在很多潜在的障碍，例如次级债投资人可能缺乏足够的信息、政府的担保导致市场约束主体缺位、商业银行的投资战略、投资人的盈利欲望等都可能影响市场约束的发挥。E. Levy 等（2002）在对新兴经济体的市场约束研究中认为，欠发达的资本市场、商业银行的国有属性和担保、信息的不透明等因素和宏观经济的恶化都会导致市场约束失效。当然，也有文献说明市场约束确实是有效的，除了前文提到的文献，比较有代表性的例如 Peria 和 Schmukler（2001）认为，由于市场约束增加了商业银行追逐高风险的成本，因此一定程度上削弱了国家隐性担保对商业银行造成的道德风险激励。而且一般来说，市场约束比官方监管更及时，可以帮助官方监管及时发现风险动向。Berger（1991）认为，市场约束会令有限并且稀缺的监管资源分配得更加富有效率。因此虽然市场约束无法替代官方监管，但是又不能缺少。所以综上所述，正如《巴塞尔协议Ⅱ》提议的那样，官方监管与市场约束两者的结合也许会达到监管的最优效果（Decamps et al., 2004；Hamalainen, 2006）。

由此可见，对于市场约束的有效性，学术界和业界是存在争议的。但是，正如没有绝对的浮动利率和绝对的固定利率一样，任何国家的金融监管都无法完全借助于监管当局解决全部的问题。市场的调节一定会存在并且发挥其应有的作用，关键是如何引导、规范市场约束的作用，尽量避免出现令市场约束无效的政策，使市场约束更好地为商业银行乃至一国的金融业服务。

第四节　市场约束与《巴塞尔协议》

《巴塞尔协议Ⅱ》提出的银行监管的第三支柱——市场约束，一定程度上是从公司的角度看待商业银行的运营，强调以市场的力量约束商业银行。经营业绩好的商业银行可以以低廉的价格获得资金来源，而风险高的商业银行则必须付出相应的风险溢价。这是市场约束有别于其他监管的重要特点之一。但是同为监管的途径，市场约束与其他监管方法有怎样的联系？市场约束与其他两大支柱——最低资本金要求与官方监管存在怎样的关系,是本节进行文献梳理的重点。

一 市场约束与资本充足监管

资本充足监管的一般意义是指商业银行的资本资产比率,即商业银行的资本金与经过权重计算的资产的比例必须高于某一定值。1988 年的《巴塞尔协议》确立了通过计算风险加权的资本充足率要求,即通常熟知的 4% 的核心资本充足率和 8% 的资本充足率。《巴塞尔协议Ⅱ》中的资本充足监管不再要求确定的风险权重,商业银行可以根据自身条件甚至可以采用内部评级法来计算资本充足率,达到 8% 的最低资本充足要求。那么,市场约束与资本充足监管的关系存在怎样的关系呢? Decamps、Rochet 和 Roger (2004) 用理论模型证明并说明了,如果市场约束有效性可以得到提高,将有助于降低资本充足率的最低监管要求。Merton (1977) 用期权模型证明,市场约束和资本充足率的提高都有助于减少信息的不对称,从而使商业银行以自有资本承担风险和损失的概率增加,从而令商业银行在经营管理时以审慎的态度选择不同风险的资产组合。高国华和潘英丽 (2010) 用 44 个国家 243 家商业银行的数据进行实证研究,结果表明:市场约束与资本充足监管存在着相互补充、替代的作用。

由此可见,市场约束和资本充足监管都会增加商业银行高风险经营的成本,在商业银行监管中可以起到相辅相成的作用。资本约束提高了股本在资产中的比例,其更侧重于大股东的力量对商业银行的风险约束;而市场约束更强调除大股东外商业银行其他的利益相关人对商业银行的风险约束。关于资本充足率监管的优势与局限性(如顺周期性)讨论的文献很多,对于市场约束的局限性本书下一部分也将进行较为详尽的论述。但是,关于市场约束和资本监管的相互关系的深入研究的文献还比较少,或许这是以后的一个研究方向。

二 市场约束与官方监管

首先必须明确的是,巴塞尔委员会之所以把市场约束与官方监管同时列为监管支柱,是因为如果二者独立存在,都存在其局限性。那么,在彼此存在局限性的现实条件下,市场约束和官方监管是如何实现优势互补并发挥作用的呢?

一般来说,金融监管的基本目的有以下两点:首先是控制金融风险,维护金融系统的安全和稳定;其次是在安全和稳定的基础上提高金融系统的效率和效益。在对商业银行的监管中,官方监管发挥着不可替代的作用，但不可否认的是，官方监管也存在着种种"无能为力"的情况。具体来说，大致有如下几点：

（1）发现问题的时滞性。在金融衍生品飞速发展的今天，金融机构为了规避监管往往使出浑身解数。而且各金融机构的业务发展日趋细致化，监管政策总是落后于金融创新。监管当局往往无法及时发现金融机构存在的金融风险。

（2）处理问题的统一性。监管当局即便及时发现了问题，也往往会因为对各利益集团的不同既得利益有所顾忌。因为很多时候监管当局制定的监管政策是统一的标准，具有"一刀切"的性质。

（3）现场督察的"寻租性"。权力部门易造成"寻租"是一个不争的事实。在金融监管上也不例外。监管当局的监管形式一般分为现场监管和非现场监管。如果说非现场监管具有检查标准的统一性，那么现场监管往往容易造成"寻租性"。

（4）金融效率的压制性。官方监管的主要目的是金融系统的稳定性。在这个目标下，往往会造成对金融创新的压制性。例如对金融衍生产品审批的严格控制，会阻碍金融创新的发展。

（5）制定政策的成本性。首先，官方监管发现风险就意味着花费成本。无论是现场检查还是非现场检查，都要做出调查。官方监管一旦对一个问题做出政策决策，其显性成本和机会成本都往往巨大。因为涉及面宽，必然要造成一些部门的损失。而且不仅仅是直接成本，许多间接成本也无法准确预测。这些都会造成监管当局制定政策的艰难性。

从以上五点可以看出，官方监管在对商业银行监管的过程中确实存在着一些困难。但是市场约束也有很大的局限性，具体来说有以下几点。

（1）市场约束的主体往往只关心私人成本，而一旦商业银行破产，其社会成本往往要高于私人成本总和。因此市场约束的市场价格信息不一定能反映全部的风险预期。

（2）市场约束主体也未必能得到准确、及时的信息。例如，债券市场规模小、流动性差、股票市场的噪声等都会影响市场主体得到的信息质量。

（3）即便得到准确、及时的信息，市场约束主体能否做出正确的判断也有待商榷。市场往往会出现非理性的"羊群效应"。

由此可见，市场约束与官方监管都存在自身的局限性，那么，就需要市场约束与官方监管结合发展。因此，在金融监管中，需要彼此取长补短，发挥各自的比较优势。

（1）市场约束的优势及其对官方监管的促进。市场约束的优势主要在于其利用市场的力量，可以敏锐地发现市场风险。Mayes 和 Llewellyn（2003）指出，市场约束可以作为政府在处理存在问题的商业银行过程中快速行动的有力补充。Evanoff 和 Wall（2001）认为，市场约束的优势是投资者可以拥有来自多方面的信息，而且在于己不利的时候可以及时、快速地进行调整。因此其可以在一定程度上对上一小节论述的官方监管局限性及困难性作出补偿。例如市场约束往往具备及时性，同时可以为官方监管提供快速的信息，减少其时滞性，提高监管效率。以次级债的市场约束为例，E. Mark 等（2002）从次级债的优先权、偿还期限、发行规模等角度讨论了次级债投资人作为市场约束的主体，尽管不能代替官方监管，但是却可以作为监管当局监管的有效补充。而且由于市场约束的主体是多元化的（如交易对手、债券投资人等都可以从市场信息中快速地得出市场风险的出现），一旦发现风险，鉴于自身资产的安全性，市场约束主体就会迅速作出反应，而不会类似于官方监管那样需要考虑很多其他利益因素。市场约束还具有约束风险的连续性，即随时对市场风险进行跟踪，可以对官方监管的离散性进行补充。而且市场约束不会出现"寻租"的现象，也不会阻碍金融创新。市场约束发现风险的及时性还可以帮助监管当局节约成本。

（2）官方监管的优势及其对市场约束的促进。官方监管最主要的优势在于其强制性。利用其强制性，可以促进市场约束的健康发展。例如官方监管可以强制要求商业银行及时、详尽地公布其财务信息。监管当局可以强制要求商业银行公布他们不愿意公开的相对机密的经营信息（Evanoff 和 Wall，2001），从而为市场约束提供了必要条件。官方监管也可以在市场交易中督察公平地交易，用一些强制措施阻止非理性、"羊群效应"的扩大。这些都为市场约束的健康发展提供了必要的支持。

综上所述，市场约束和官方监管可以利用各自的优势弥补对方的局限性。最优的监管设计是两种制度的互补，而不是一种制度替代或摒弃另一种制度（许友传，2010）。因此在金融监管中应该注重市场约束和官方监管的结合，更好地提高对商业银行的监管效率。表 2-1 将前面的论述以表格的形式总结出来。

表 2 – 1　　　　　　　　市场约束与官方监管的差异

	市场约束	官方监管
主体	商业银行利益相关人：存款人、债券投资人、股东、交易对手、VIP 客户以及第三方如评级机构、媒体等	中央银行、银监会等政府监管部门
工具	存款利率、债券收益率、"用脚投票"等	制定诸如资本充足率、存贷比等监管指标
方式	以市场为主的间接方式	以行政或立法管制为主的直接方式
激励	利益相关人出于对自身资产安全的担心而采取行动	缺乏直接利益的激励
效率	促进银行行业整体的竞争，优胜劣汰，提高效率	出于各方利益的考虑，有时会对问题银行宽容，造成效率下降
标准	由于各利益相关人风险承受能力不同，约束的标准也不统一	监管标准统一
及时性	发现风险较为及时且连续	制定政策往往具有时滞性
信息来源	公布的财务报告、第三方报道、市场交易信息等	现场检查、强制性披露信息
外部性	商业银行的盈余管理、"羊群效应"等	公众对政策意图的揣测、"寻租"等

从表 2 – 1 可以看出，市场约束在监管的主体、工具、方式、激励、效率、标准、及时性、信息来源和外部性九个方面与官方监管具有显著的不同。同时市场约束的有效性有其前提条件，例如信息披露等，而官方监管恰好可以在要求信息披露、维护市场公平等方面发挥其强制性的优势。并且市场约束也可以对官方监管的局限性进行优势互补。因此，为了提高对商业银行监管的效率，大力发展市场约束有其重要的理论与现实意义。

本章小结

根据前几节所述，市场约束的实际发展经历了漫长的过程，而其理论发展却伴随于《巴塞尔协议Ⅱ》的诞生与发展。本章第一小节介绍了市场约束的起源及简要的历史；第二小节论述了市场约束的一般原理，包括市场约束的内涵、市场约束的主体如何发挥作用；第三小节对市场约束的条件与发展进行了分析；第四小节对市场约束与《巴塞尔协议Ⅱ》的其他两大对商业银行的监管支柱的关系进行了阐述。市场约束的文献也穿插于本章的文字论述中。本章的主要作用是抛砖引玉，对市场约束进行一个总体的概括。

从第三章到第五章将详细对市场约束的主体及其市场约束的作用机理进行整理、分析、论述。市场约束的主体为商业银行的利益相关人：存款人、次级债投资人、股东、交易对手、VIP客户等。这些微观主体和商业银行有直接的利益关系，因此非常可能存在市场约束的激励。本书将重点分析商业银行利益相关人、运用数理模型及定性的逻辑推理分析其发挥市场约束作用的激励及作用机理，运用数据和计量实证分析我国商业银行监管中的市场约束是否存在和其有效性。

第三章 存款人的市场约束分析*

第一节 引 言

尽管我国资本市场融资的发展速度日趋加快，但是，在我国目前的融资体系内，企业通过商业银行进行间接融资的主导地位从未改变。而我国商业银行目前的资金来源主要依靠存款，因此，研究商业银行的存款市场，对促进金融市场的良性循环具有重要的意义。从理性人的理论角度出发：为保证资金链的连续性和盈利性，商业银行注重贷款资产质量的同时，也必然重视存款的数量。为了尽力吸引存款，商业银行可能会通过信息披露表明其注重风险控制；为保证金融市场的安全性，监管部门除了要求商业银行满足资本充足率等必要条件外，往往还会要求各商业银行尽量多公布其年度财务信息；为保证自身存款的安全性和收益性，公众存款人会根据各方面可获得的信息来进行存款银行的选择，即公众存款人会选择风险低的商业银行进行存款，从而构成对商业银行的市场约束。但是，我国目前金融体系尚不发达，存款基准利率并没有市场化，广大公众存款人的金融风险意识未必积极，即广大公众存款人未必以商业银行的风险考量出发选择存款，因此能否发挥存款的市场约束有待商榷。从另一个角度讲，我国商业银行在争取存款时往往使出浑身解数，因为"拉存款"在我国目前银行界是不争的事实，在这种背景下经营得好的商业银行会利用其稳健运行的优势来进行对存款人的宣传。综合以上情况，我国存款人市场约束是否成立尚有待分析和研究。

---

* 本章的部分内容发表于《财经问题研究》2011 年第 4 期。题目为《我国存款市场信息传递是有效的吗》，有修改。

本章的研究目的是基于商业银行存款人理论视角来论述我国商业银行市场约束是否有效及其作用机理。具体来讲，本节研究的对象是存款人的存款行为，即我国存款人如何选择银行进行存款，是否受到商业银行披露信息的影响，是否促使《巴塞尔协议》监管中的第三支柱——市场约束的作用得到有效发挥。本章的框架如下：首先进行理论分析，论述存款人存款选择的市场约束的作用机理，然后对我国实际情况进行实证分析，最后部分为本章的结论综述。

第二节 理论分析

一 存款人市场约束的机理分析

Martinez Peria 和 Schmukler（2001）认为，存款人的市场约束可以有效地降低银行业的运营风险。其研究认为存款人的市场约束一般分为两种：一种是数量约束，即当商业银行的运营风险加大时，存款人会减少其在该商业银行的存款；另一种是利率约束（也称价格约束），即存款人会要求商业银行支付更高的利息率作为风险补偿。上述两种约束都会影响商业银行的资金来源，进而对其发放贷款产生影响。从文献中可以综合得出以下结论：对于存款人来说，出于对自身资产的安全需要，往往会通过市场信息选择商业银行来存款，对风险大的商业银行要求较高的利息，或者进行"用脚投票"，可能造成对商业银行的市场约束。因此商业银行不希望因风险增大而降低存款数量。而且降低风险也可以躲避监管部门的注意，因此商业银行可能会存在进行降低风险的动机。但是上述市场约束和存款人动机及行为的结论在国内文献中尚存在争论。例如在国内对商业银行市场约束的研究中，曹元涛和范小云（2008）的研究发现，亚洲各国对金融监管的加强以及对金融安全网的建设，导致了这些地区的市场约束的扭曲。张正平和何广文（2005）、许友传和何佳（2008）分别对我国14家主要商业银行和27家城市商业银行进行研究，其结论均不支持我国信贷市场上存在显著的市场约束。但是由于张正平和何广文（2005）的数据局限在2003年以前，许友传和何佳（2008）研究的范围局限于城商行，所以本章再次对此问题进行研究。在近几年，我国金融业快速发展，但是在存在国家隐性担保安全网、金融市场尚不成熟、公众金融意识参差不齐的现实中，探求存款人市场约束有效的结论是否会成立，是本章的兴趣所在和要解决的问题。由于我国存款利率没有市场化，全国存款利率由中央银行统一制定，因此，目前无法对我国存款人市场约束中的利率约束进行分析，只能从数量约束的角度进行探究，即考虑存款数量或规模是否对商业银行构成市场约束。

就我国目前的情况来看，大多数存款人能了解到的商业银行信息途径集中来自于各商业银行的年报。因此如果存款人存在对商业银行业绩的判断，往往也依赖于商业银行公布的财务报告。对于专业知识并不丰富的广大存款人和从信息的不易获得性的角度来说，其判断的标准会依赖几个简单又明确的财务指标，例如，资本充足率、不良贷款率、商业银行的资产规模等。从存款人的市场约束角度来看，如果存款人具备足够的风险意识，会利用可得的信息判断商业银行的风险状况，继而来选择进行存款的商业银行。而就我国目前信息披露的情况来看，各商业银行的财务年报的财务指标无疑是最重要、最可靠的信息来源。在几项重要的财务指标中，资本充足率代表了银行自有资本能在多大程度上抵御商业银行的信用风险；不良贷款率代表了商业银行资产状况；资产利润率往往又显示了商业银行的经营情况，对于上市的商业银行来说，资产利润率又是投资者看中的指标，决定了市场投资的信心。因此，如果存款人是理性的，应该选择将存款存放于资本充足率高、不良贷款率低、利润率高的商业银行。其结果应为，商业银行的存款增长往往与资本充足率、利润率正相关，与不良贷款率负相关。

但是，上述推理的存在依赖两个重要的前提：不存在政府对商业银行的隐性担保；存款人需要有良好的金融风险意识。因为如果存在政府对商业银行的隐性担保，就会形成公众对商业银行"大而不倒"的预期，即资产规模越大的商业银行遇到危机时，越容易得到国家的救助，从而无论其经营状况如何都会吸引众多存款人的存款。如果存款人没有良好的金融风险意识，普遍认为商业银行不会倒闭，即不会关注任何商业银行的财务指标。而在我国，这两种情况都是极有可能存在的。首先，我国资产规模最大的四家商业银行是国有控股，而国家又对这四家商业银行进行特别的支持，例如屡次的注资、剥离不良资产、为其上市创造有利条件等，无疑形成了隐性担保。我国存款人往往也缺乏足够的金融风险意识。从另一个角度来看，我国的存款不只是家庭存款，还有大量的企业存款。随着近年来我国金融市场的不断完善，企业等机构在存款时的金融风险意识是否得到了加强还有待考证，因此我国的实际情况到底如何，能否验证前文对市场约束的推理结果，值得研究。

二 存款人市场约束的重要意义

从金融风险监管的角度来说，市场约束作为《巴塞尔协议》的第三大支柱，强调市场对商业银行的风险监督作用。市场约束可以帮助监管部门更好地实现风险监管。因为市场往往可以更敏锐、更早地辨别出潜在的风险。加强对银行业的市场约束可以减轻官方的监管成本，使得监管更加富有成效。从金融市场的运行效率角度来说，只有促进市场约束，才能使不同资产规模的商业银行处于公平的竞争条件下，才能使真正做到风险控制得好、盈利能力高的商业银行更加具有发展空间。存款人对商业银行的市场约束与商业银行的信号显示又是相互影响的。只有存在市场约束，商业银行才有动力加强平时的运营管理，从而信号显示；商业银行的信号显示，又有助于存款人对商业银行的选择，从而造成市场约束。

因此无论是对我国商业银行监管还是对我国金融市场的发展来讲，商业银行存款人的市场约束都具有重要意义。如果具备了完善的市场约束，我国商业银行会步入更加成熟的发展道路。本章的实证部分即检验存款人市场约束在我国目前的存在及有效性。

第三节 实证分析

一 计量模型的设计

本章的逻辑思路如下：

$$存款人 \xrightarrow[市场约束？]{存款选择？} 商业银行$$

具体来说，即探究存款人是否依据可获得的信息对商业银行进行存款选择，从而构成了对商业银行的市场约束。在理论分析中本章已经就财务指标对研究对象的机理进行了分析，所以，本章实证部分选择以商业银行的资本充足率、资产利润率等变量为连接主线，探求我国存款人的选择行为。

综上所述，本章按照最初预想的计量模型设计如下：

$$ss_{it} = \alpha_i^1 + \beta_1^1 d_{it} + \beta_2^1 c_{it} + \beta_3^1 b_{it} + \beta_4^1 r_{it} + v_{it}$$

其中，ss_{it}代表该商业银行的存款占银行业总存款之比；d_{it}代表该商业银行的资产占全国银行业总资产的比例，即代表该商业银行的资产规模；r_{it}代表商业银行税前利润占该商业银行总资产之比；c_{it}代表该商业银行的资本充足率；b_{it}代表该商业银行的不良贷款率；α_i^1为常数项。选择这些变量的原因在于从技术意义来看需要保持统计口径的一致性。因为各个商业银行的总资产、存款数量差距很大，因此选择比率具有实际意义；从现实意义来看，我国公众金融专业知识并不普及，大多数人判断的指标仅限于商业银行公布的这些财务指标；从统计实际数据可得性来看，很多商业银行的总资产收益率（ROA）没有公布，因此本章选择类似于总资产收益率的税前利润与总资产的占比来进行替代。

二　数据的统计描述及初步的计量分析

本章选择12家商业银行2003—2009年的面板财务数据。[①] 2003年我国商业银行上市开始集中，改革成果成效显著，如果存在信号释放作用，应该在这几年比较明显。选择这些商业银行的原因是这些银行在这7年中公布的数据比较完整，而且其总资产之和已经占全国银行业总资产的60%。本书所有数据来自《中国金融年鉴》、银监会网站、中国人民银行网站、各个商业银行网站公布的年度报告。变量的描述性统计见表3-1。

表3-1　　　　　　　　变量的描述性统计

变量	r_{it}	c_{it}	b_{it}	ss_{it}	d_{it}
均值	0.0103	0.0985	0.0365	0.0532	0.0492
观察值个数	84	83[②]	84	84	84

根据预想设计的计量方程，本章做了第一次面板数据的回归，本章的计量检验均在Eviews 6.0上实现，并且通过豪斯曼检验、F检验发现选择

---

① 12家商业银行为中国工商银行、中国农业银行、中国银行、中国建设银行、交通银行、华夏银行、中信银行、民生银行、深圳发展银行、招商银行、兴业银行和上海浦东发展银行。
② 没有查到中国工商银行2004年的资本充足率。

个体固定效应模型最为合适。

结果如表 3-2 所示。

表 3-2　　　　　　　　　　　计量结果

变量	β_1^1	β_2^1	β_3^1	β_4^1
估计值	1.130 (12.16)	-0.001 (-0.03)	0.168 (6.04)	-0.268 (-2.71)
P 值	0.0000	0.9741	0.0000	0.0098

注：括号中的数值是 t 统计量。

从回归的结果来看，β_2^1 的估计值没有通过显著性检验。但是还不能就此判断 ss_{it} 和 c_{it} 不存在相关关系。因为商业银行资本充足率通常与不良贷款率高度负相关（郭伟，2010），由此可能造成的多重共线性导致了显著性检验失效。因此，本章令 c_{it}、b_{it} 分别出现在两个计量方程中，修改计量模型为：

$$ss_{it} = \theta_i^1 + \gamma_1^1 d_{it} + \gamma_2^1 c_{it} + u_{it} \tag{3-1}$$

$$ss_{it} = \theta_i^2 + \gamma_1^2 d_{it} + \gamma_2^2 b_{it} + \gamma_3^2 r_{it} + v_{it} \tag{3-2}$$

模型（3-1）、模型（3-2）是为了探求公众如何对商业银行进行存款选择。是否依据商业银行的资产规模、资本充足率、不良贷款率、利润率这些公开的财务指标进行选择。在成熟的存款市场上，正如前所述，存款的增加应该和资本充足率、利润率、资产规模呈正相关，而与不良贷款率呈负相关。即 γ_1^1、γ_1^2、γ_2^1、γ_3^2 为正，γ_2^2 为负。那么实际结果是否和推理的预想结果相一致呢？本书将进行统计和计量结果分析。

三　改进后的计量结果分析

从统计数据的散点图 3-1 来看，ss_{it} 和 d_{it} 有明显的正相关性，即商业银行的存款和资产规模有很强的相关性；ss_{it} 和 c_{it}、ss_{it} 和 r_{it} 呈现负相关，即存款的总资产占比和该商业银行的资本充足率、利润率呈负相关；ss_{it} 和 b_{it} 的趋势也似乎整体呈正相关的关系，只是从 2007 年开始有些呈现负相关关系。

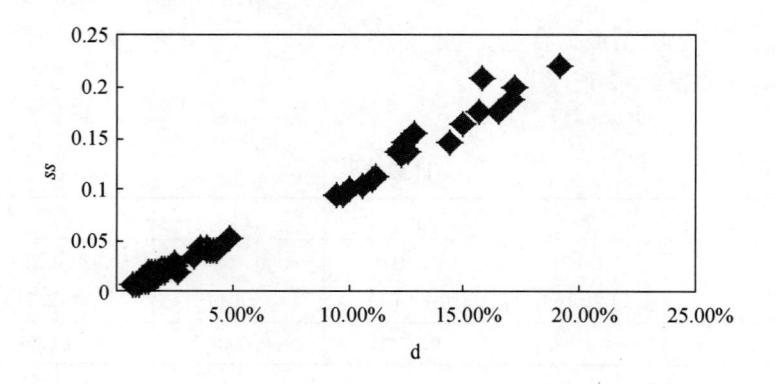

图 3-1　ss_{it} 和 d_{it} 的散点图

统计图显示的相关关系似乎表明：公众在进行存款的时候只关心商业银行的资产规模，而资本充足率、利润率、不良贷款率都和理性预期相反（见图 3-2、图 3-3 和图 3-4）。为了谨慎起见，本章做了精确的计量分析结果，如表 3-3 所示。

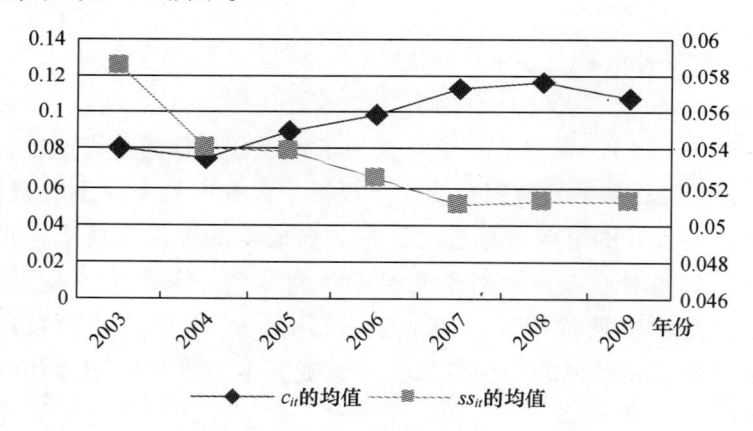

图 3-2　ss_{it} 均值和 c_{it} 均值的折线①

γ_1^1、γ_1^2 均显著为正，表明存款人选择商业银行存款的时候很看重该商业银行的资产规模。γ_2^1、γ_2^2、γ_3^2 的符号和预想的成熟信贷市场理性人推理正好相反，即存款规模和资本充足率负相关，与不良贷款率呈正相关，与利润率呈负相关。

---

① 右坐标为 ss_{it}，左坐标为 c_{it}。

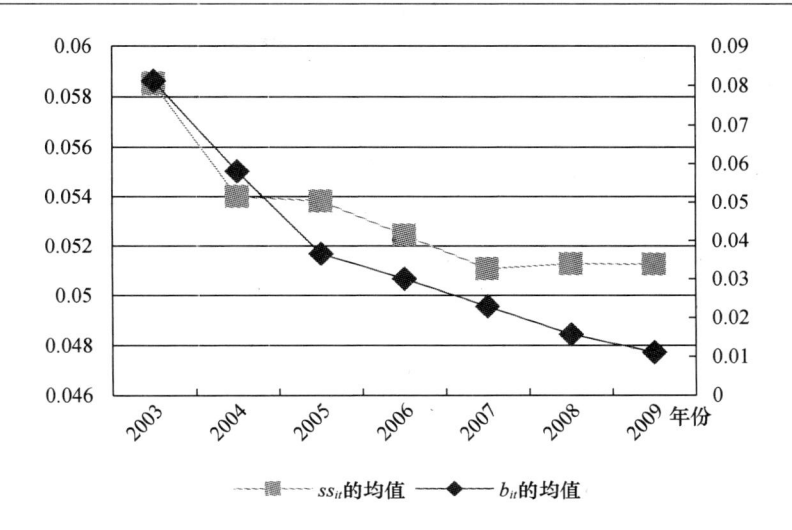

图 3-3　ss_{it} 均值和 b_{it} 均值的折线①

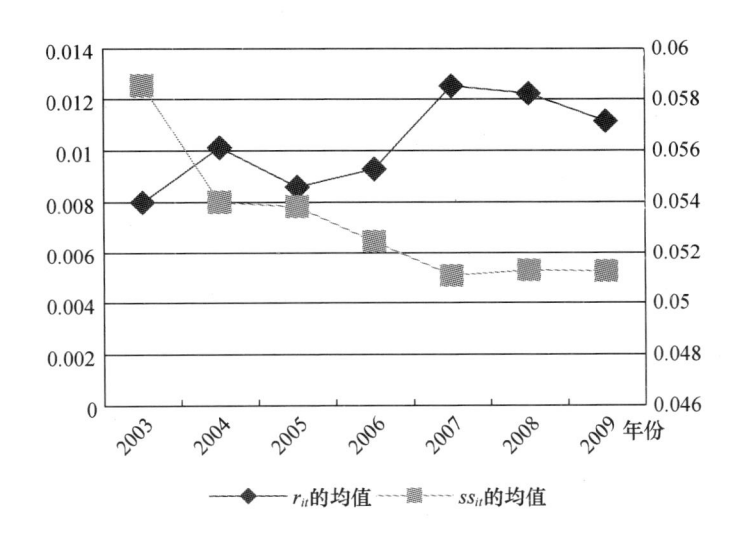

图 3-4　ss_{it} 均值和 r_{it} 均值的折线②

统计图和计量结果都说明，我国存款人在选择存款银行时并不从商业银行的财务数据信号进行选择。存款人往往只选择规模大的商业银行。甚

---

① 左坐标为 ss_{it}，右坐标为 c_{it}。
② 右坐标为 ss_{it}，左坐标为 c_{it}。

至在不良贷款率越高、利润率越低、资本充足率越低的情况下该商业银行的存款占比却越增长。这种存款市场不成熟现象的出现很可能是出于公众"大而不倒"的预期。因为从我国商业银行发展的历史来看，国家屡次对国有商业银行进行注资，剥离不良资产（如1998年、2004年的两次直接注资），所以这种隐性担保足以促成公众的这种预期。存款人并不关心诸如商业银行资本充足率、不良贷款率等财务指标的信号，也没有把这些财务指标列为自己进行存款的选择因素。

表3-3　　　　　方程（3-1）和方程（3-2）的计量结果

变量	γ_1^1	γ_2^1	γ_1^2	γ_2^2	γ_3^2
估计值	0.281*** (2.75)	-0.051*** (-2.23)	1.130*** (12.37)	0.168*** (8.92)	-0.269*** (-2.81)
P值	0.0087	0.0314	0.0000	0.0000	0.0076

注：***表示在0.05水平上显著，括号中的是t统计量。

本章小结

本章的研究目的是基于存款人选择存款银行的行为角度来探求我国商业银行存款市场是否存在市场约束的。通过统计分析和计量的实证分析得出的结论为：存款人并不依据商业银行公布的财务信息来进行存款的选择。研究结果表明，我国的存款市场还不成熟，在信息的传播上并非是有效的，商业银行存款人的市场约束薄弱。

究其原因，一是我国政府对银行业的隐性担保以及对大型国有银行的一贯支持对公众形成了"大而不倒"的预期，因此会选择资产规模大的商业银行来存款。二是我国公众对金融市场认识不足，不太重视商业银行公布的信息。资本充足率等核心监管要素的社会公众认知度不高，这项监管机制要和市场约束形成良性的配合，还有待于公众的进一步深刻理解和监管当局的广泛宣传（杨谊等，2009）。而且在我国基准利率没有放开的条件下，公众存款人存款的偏好除了根据商业银行的资产规模外，往往依据其给予的优惠条件、提供的便利条件等来进行选择。因此，本章的研究表明，在我国的存款市场上，市场约束行为比较弱。

从我国银行业长远的发展角度来看，促进存款市场的市场约束的有效性是必要的。因为只有市场约束的有效，才能在银行业形成良性竞争，使风险控制好的商业银行得到相应的存款资源。只有促进了信息传播的有效性，才会对商业银行促成正面激励，也能促进中小银行的长期发展。商业银行监管如果只依靠政府部门设立的监管机构往往难以达到完善的效果，因为监管机构制定的监管政策往往要考虑整个银行业，既容易出现时机延误，又容易发生对金融创新的抑制。因此发挥市场作用，利用市场约束的作用即发挥公众的选择作用往往在长期能起到良好的监督和降低商业银行运营风险的作用。随着我国金融市场的开发，如何使我国融资市场走向成熟是一个急迫的事实。而成熟市场的特征之一就是市场约束的有效性，因此我国存款的市场约束建设亟待加强。

而加强存款市场约束的途径：一是靠金融市场的进一步发展，进一步增加商业银行的透明度，在及时性、真实性、可比性（统一的会计规则，评估程序标准的统一化、国际化等）三个方面进一步发展信息披露制度。二是要逐步推进存款利率市场化，利率的差异化竞争可以促进市场的良性循环。我国利率市场化进程从1996年开始启动，当时的基本原则为"先外币后本币，先贷款后存款，存款先大额长期后小额短期"。由此看来，存款利率市场化处于最后的阶段。考虑我国的现实情况，可以进一步完善大型定期存单等利率市场化，以促进市场约束的发挥。三是强化金融知识特别是风险管理知识的宣传，增强广大公众存款人对商业银行风险、自身存款的安全意识，削弱存款人的"大而不倒"的预期，可以理性地面对金融机构的选择，而这也无疑有助于监管当局及宏观经济政策的实现。

第四章 次级债投资人的市场约束分析[①]

第一节 引 言

概括地讲，次级债是一种清偿顺序优先于股东权益，但是落后于一般债务的债务形式。所谓"次级"是针对债务的清偿顺序，如果商业银行破产，则剩余资产需首先偿还存款等一般债权；如果还有结余，才能对次级债务进行清偿。次级债除了具有清偿顺序落后这一最明显的特征外，一般还具有债务期限长、发行规模大、无担保抵押、无法提前兑付等特征。由于其清偿风险比一般债权高，因此其收益率往往高于一般债权，对投资者具有一定的吸引力。除此之外，次级债还有一个非常重要的作用，可以按条件计入商业银行的附属资本（我国监管当局2004年颁布的《商业银行资本充足率管理办法》提出将次级债计入商业银行附属资本）。再加上次级债具有偿还期限长的特征，商业银行可以用其调整自身负债的时间结构，在一定程度上缓冲"借短贷长"的流动性风险，因此出于补充资本充足率和调整融资结构等需要，商业银行往往存在发行次级债的激励。

从次级债投资人的角度出发，虽然投资次级债可获得的收益高于一般的银行债，但由于其清偿顺序落后，且不存在类似存款的政府隐性担保，因此次级债投资人往往更加关注商业银行的风险，从而有激励对商业银行的风险行为实施一定的市场约束。次级债的市场约束途径通常有：次级债投资人在一级发行市场上可以对次级债的投资与否进行选择，如果发行次级债的商业银行的风险过大，就可以放弃投资；有些次级债具有私募的性

[①] 本章部分内容发表于《金融研究》2012年第2期，题目为《加强我国商业银行次级债风险约束的思考——基于"相互持有"视角的理论分析》。《经济经纬》2011年第5期，题目为《次级债对商业银行利益相关人影响的数理分析——基于市场约束的视角》，有修改。

质，次级债投资人可以在投资协议上提出对商业银行资金运用等限制。在二级市场上，次级债投资人依然可以通过提高收益率或者直接"用脚投票"来对经营风险高的商业银行施加融资成本压力。而且这种以市场的方式提高收益率的现象也很容易引起监管当局对风险的警觉，从而提高监管效率。布利斯（Bliss，2011）将次级债的市场约束功能总结为：首先次级债投资人可以直接选择是否投资，直接阻止商业银行提高风险水平；其次次级债的收益率可以为监管当局提供有用的信息，减少监管当局处理问题的延迟性。同时，次级债作为附属资本，对商业银行的经营行为也存在资本约束的功能。综上所述，次级债投资人可以对商业银行的高风险行为构成市场约束，而且有助于监管当局对商业银行的风险监管，这对于商业银行的风险控制起到重要作用。

由于在计算资本充足率的时候，次级债作为附属资本，可以起到补充资本充足率的作用。我国商业银行股份制改革前各商业银行资本充足率普遍不足，国家屡次对国有商业银行进行注资提高其资本充足率（1998年、2004年），其他商业银行则没有注资这种优惠待遇。我国商业银行为了达到监管的目标和上市的目的往往只把发行次级债当作提高资本充足率的工具，忽视了次级债的市场约束作用。但是，无论是达到监管的目标还是实现上市的目的，都是短期的行为。次级债券往往期限很长，而且从我国金融的长远发展角度来看，次级债券的市场约束作用会越来越凸显，因为越是发达的金融体系，市场约束作用就愈发明显。本章力图运用数学模型从理论上证明次级债应具有的市场约束功能。本章还将说明在理想的情况下，发行次级债后，随着商业银行的风险提高，次级债持有人的市场约束激励效应是否会对存款人的市场约束监督激励造成影响，这些都是本章用理论模型进行推理和阐释的问题。我国金融市场受行政及官方监管政策的影响很大，而且商业银行业务主要依靠贷款，商业银行业务趋同，监管当局的贷款限额会显著影响商业银行的资产规模。因此本章充分从上述我国发行次级债所处的现实情况出发，分析我国商业银行发行次级债的目的及次级债在我国发挥的市场约束效果如何，并对我国商业银行"相互持有"次级债的特殊事实进行详细论述和分析，指出"相互持有"最主要的问题不是违约概率增加和造成流动性风险，而是削弱了次级债市场约束和资本约束的发挥。

第二节 文献综述

国外文献对次级债券的市场约束进行了大量的实证研究。在对发达国家的研究中，相关文献主要通过研究次级债券的收益率和商业银行风险的相关变量之间的关系，来探讨次级债是否对商业银行风险构成了有效的市场约束。Avery 等（1985）、Gorton 和 Santomero（1990）没有发现次级债券利率和商业银行风险具有相关关系。Flannery 和 Sorescu（1996）通过对 1983—1991 年美国 83 家主要银行发行次级债的实证分析得出投资者能够理性地发现商业银行的风险，因为商业银行的某些指标比如 ROE 等与次级债的风险溢价存在显著的相关关系。Masami Imai（2006）采用不良贷款率、贷款与总资产之比等作为商业银行风险解释变量，用日本银行业的数据进行实证分析，其实证结果表明日本的次级债投资者通过利差的提高来惩罚那些风险管理薄弱的商业银行。J. Svec（2003）对 74 家美国商业银行的面板数据进行实证分析，结果发现次级债具有市场约束作用。G. Caldwell（2005）通过对 1994—2005 年的时间序列数据进行分析，发现市场约束在规模大的商业银行体现不明显，但是在规模小的商业银行却具有显著效果。N. Esho 等（2005）对澳大利亚商业银行 1990—2002 年间的次级债进行分析，发现次级债风险溢价与商业银行贷款比例与资本比例都存在长期显著的相关关系，即市场约束存在。N. Baba 等（2007）对 2000—2005 年日本的商业银行发行次级债进行 Probit 模型的实证分析得出，资本比例较低的商业银行更有动力发行次级债，而且在商业银行体系不稳定阶段，次级债投资者市场约束比较明显。Ashcraft（2006）对美国混合监管资本的实证研究认为，实施混合债务结构对商业银行降低风险的影响是积极的，即次级债对商业银行的风险实施了直接的市场约束。简而言之，多数文献通过实证分析发现了次级债的市场约束存在并且有效（Evanoff and Wall，2002；Sironi，2003 等）。也有文献研究次级债的市场信号释放作用及其应用（Hancock 和 Kwast，2001）。在对发展中国家的次级债研究中，Karacadg 等（2000）认为，新兴市场发展次级债的市场约束应首先加强其激励环境以及市场基础建设。Loures 等（2008）在实证检验中认为，巴西银行的次级债持有人发挥了微弱的市场约束功能。在对次级债的理论模型分析中，E. Nivorozhkin（2005）通过模型分析证明，次级债的市场约束作用取决于次级债、高级债和破产成本的相对规模，而且只要考虑破产成本，次级债的价格反应可以降低商业银行股东的冒险激励。I. Distinguin（2008）的模型表明，在满足信息披露完善，以及次级债投资人不能获得存款保险的好处条件下，强制商业银行发行次级债可以通过直接的市场约束降低商业银行的风险。

次级债在我国起步较晚，但是，从监管当局颁布《关于将次级定期债务计入附属资本的通知》（2003年12月9日）、《商业银行次级债券发行管理办法》（2004年6月23日）以来，伴随着国内次级债发行规模的扩大，国内学术界开始关注次级债的研究。国内的文献多从实证角度探求次级债的发行对我国商业银行的影响。喻鑫等（2009）借鉴 Masami Imai 的方法对我国次级债券风险溢价和商业银行风险进行了实证检验，其结论是2006年后我国次级债券的市场约束作用得到加强。何韧（2005）根据欧美国家的经验提出了我国次级债券的创新策略。可见，关于次级债券的市场约束机理，鲜有文献用数理模型进行严格的推导说明。只有许友传和何佳（2008）基于或有权估值理论，用数理模型探究了次级债对商业银行风险承担行为的市场约束机理。其研究结论为：次级债不一定能起到约束银行风险承担行为的目的，它取决于商业银行既有的资本充足水平。但是在该论文中，作者将商业银行资产的变化假设为连续的几何布朗运动，本书认为，该假设在论证次级债市场约束本质属性时过于严格。例如，我国商业银行的资产还是以贷款为主，如包商银行董事长李镇西在《财经》2012年第9期的文章《中小银行转型阵痛》中提到，中国银行、中国农业银行、中国工商银行、中国建设银行和交通银行五大行的利差收入平均占总收入的78.4%，股份制银行利差收入占比基本在80%—90%，城商行更是业务模式单一。监管当局信贷等政策对商业银行的资产影响非常大，政策变化很可能导致商业银行资产价值的跳跃变化，因此，将商业银行资产变化假设为几何布朗运动并不十分合适。因此，本章第三节在借鉴许友传和何佳（2008）的研究基础上进一步探讨论证次级债具有市场约束本质属性的理论模型。第四节旨在分析我国商业银行次级债的发展情况，并分析其市场约束作用薄弱的原因，重点对我国商业银行次级债"相互持有"对次级债市场约束作用削弱等问题进行研究。

第三节 次级债市场约束的理论模型

一 基本引理

在一般文献将商业银行资产价值设为连续的几何布朗运动的基础上，本书在此基础上增加资产价值离散跳跃的过程。增加跳跃过程的经济意义源于三点。首先是前文已经提到的商业银行易受政策调控的影响波动较大。例如，我国商业银行受监管当局的信贷限额、央行存贷基准利差影响比较大。如果央行加息使利差扩大，在我国商业银行主要业务收入为利息收入的条件下，商业银行受利润增加驱动，会增加贷款，从而使资产价值增加；如果监管当局严格控制信贷额度，紧缩信贷额，那么商业银行的资产价值会随之降低。其次是随着我国的经济开放，我国经济状况也日益受到全球经济周期的影响，因此商业银行资产也会受经济波动的影响而出现跳跃。最后是把资产价值变动看作随时间连续变动的几何布朗运动本身不能完全拟合现实情况，因为资产价值并不在时时变化，加入离散变量能更符合现实意义。

因此假设商业银行资产价值 $v_t = v_t^* \prod_{i=1}^{N(t)} J_i$，这里 v_t^* 是漂移系数为 μ、波动率为 σ 的几何布朗运动，N_t 是参数为 λ 的 Poisson 过程，$J_i \sim $ logNormal (μ_0, σ_0^2)。假设 v_t^*，N_t，$\{J_i\}$ 相互独立。J_i 表示资产价值的跳跃，如果 $J_i > 1$ 表示资产价值增加，$J_i < 1$ 表示资产价值减少。J_i 的连乘积表示一段时间内，资产价值跳跃的总体过程。μ_0 代表资产价值跳跃的平均程度，例如 μ_0 取 0.2 表示资产价值跳跃的期望为 0.2，即资产价值比原来增加 20%。λ 代表资产价值跳跃的强度，即一段时间内资产价值跳跃一次的概率大小的量度。

记 $X_i = \log(J_i), i \geq 1, J(t) = \prod_{i=1}^{N(t)} J_i, Y$

$$\sim \text{Normal}\left(\left\{r - \frac{\sigma^2}{2} + \lambda - \lambda E[J]\right\}t, t\sigma^2\right)$$

于是

$$v_t = J(t)v_0 e^Y = v_0 \exp\left(Y + \sum_{i=1}^{N(t)} X_i\right)$$

当 $N(t) = n$ 时，

$$Y + \sum_{i=1}^{N(t)} X_i \sim \text{Normal}\left(\left\{r - \frac{\sigma^2}{2} + \lambda - \lambda E[J]\right\}t + n\mu_0, t\sigma^2 + n\sigma_0^2\right)$$

于是可以得出：

引理 1

$$E[v_t 1_{\{v_t > K\}} | N_t = n] = v_0 e^{rt + (\lambda - \lambda E[J])t + \frac{n\sigma_0^2}{2} + n\mu_0} N(d_1)$$

$$E[1_{\{v_t > K\}} | N_t = n] = N(d_2)$$

$$d_1 = \frac{\left(r + \frac{\sigma^2}{2}\right)t + (\lambda - \lambda E[J])t + n\mu_0 + n\sigma_0^2 + \log\frac{v_0}{K}}{\sqrt{t\sigma^2 + n\sigma_0^2}}$$

$$d_2 = \frac{\left(r - \frac{\sigma^2}{2} + \lambda - \lambda E[J]\right)t + n\mu_0 + \log\frac{v_0}{K}}{\sqrt{t\sigma^2 + n\sigma_0^2}}$$

引理 2

$$E[v_t 1_{\{K_1 < v_t < K_2\}} | N_t = n] = v_0 e^{rt + (\lambda - \lambda E[J])t + n\mu_0 + \frac{n\sigma_0^2}{2}}[N(d_{11}) - N(d_{12})]$$

$$d_{1i} = \frac{\left(r + \frac{\sigma^2}{2}\right)t + (\lambda - E[J])t + n\mu_0 + n\sigma_0^2 + \log\frac{v_0}{K_i}}{\sqrt{t\sigma^2 + n\sigma_0^2}}$$

$$E[1_{\{K_1 < v_t < K_2\}}] = N(d_{21}) - N(d_{22})$$

$$d_{2i} = \frac{\left(r - \frac{\sigma^2}{2} + \lambda - \lambda E[J]\right)t + n\mu_0 + \log\frac{v_0}{K_i}}{\sqrt{t\sigma^2 + n\sigma_0^2}} \quad (\text{Sheldon M. Ross, 2003})[①]$$

以上给出的是资产价值在某一范围内变化的均值和概率。接下来本章将对商业银行次级债投资人进行市场约束分析，并分析次级债发行对存款人市场约束的影响。

本书设商业银行一段时间内的总负债为 D，鉴于我国商业银行的主要资金来源为存款，以及本书主要分析次级债的市场约束问题，因此假设商业银行的负债分为存款等一般债务（简称存款债务）和次级债债务。其中次级债清偿权位于存款负债之后，并假设次级债债券价值为 B，存款等

[①] 关于引理 1 和引理 2 的证明，详见 Sheldon M. Ross, *An elementary introduction to mathematical finance: options and other topics*, pp. 131–132。

负债为 $D-B$，商业银行 t 时的资产价值为 v_t。

二 对次级债投资人市场约束的分析

由于次级债的清偿权位于存款负债之后，因此

次级债债权支付为 $B_{1t} = \begin{cases} 0 & \text{当 } v_t \leq D-B \\ v_t - (D-B) & \text{当 } D-B < v_t \leq D \\ B & \text{当 } v_t > D \end{cases}$

次级债债权价值：
$$\begin{aligned} Bv_1 &= e^{-rt}\{E[(v_t-(D-B))1_{\{D-B<v_t\leq D\}}] \\ &\quad + E[B1_{\{v_t>D\}}]) \\ &= e^{-rt}(E[v_t 1_{\{D-B<v_t\leq D\}}] - (D-B) \\ &\quad E[1_{\{D-B<v_t\leq D\}}] + BE[1_{\{v_t>D\}}]) \end{aligned}$$

根据引理，得出

$$Bv_1 = v_0 \sum_{n=0}^{\infty} \left\{ e^{-\lambda E[J]t + n\mu_0 + \frac{n\sigma_0^2}{2}} [N(d_1^*) - N(d_1)] \frac{(\lambda t)^n}{n!} \right\} -$$

$$(D-B)e^{-rt-\lambda t} \sum_{n=0}^{\infty} [N(d_2^*) - N(d_2)] \frac{(\lambda t)^n}{n!}$$

$$+ Be^{-rt-\lambda t} \sum_{n=0}^{\infty} N(d_2) \frac{(\lambda t)^n}{n!}$$

$$d_1^* = \frac{\left(r + \frac{\sigma^2}{2}\right)t + (\lambda - \lambda E[J])t + n\mu_0 + n\sigma_0^2 + \log\frac{v_0}{D-B}}{\sqrt{t\sigma^2 + n\sigma_0^2}}$$

$$d_2^* = \frac{\left(r - \frac{\sigma^2}{2}\right)t + (\lambda - \lambda E[J])t + n\mu_0 + \log\frac{v_0}{D-B}}{\sqrt{t\sigma^2 + n\sigma_0^2}}$$

（一）商业银行风险对次级债价值的影响

本书欲探求次级债对商业银行的市场约束作用，因此计算次级债券价值对风险的导数。即探求随着银行风险的提高，次级债券的价值会发生怎样的变化。计算 $\frac{\partial Bv_1}{\partial \sigma}$，如果该导数为负，说明商业银行风险的增加会导致次级债债权价值下降，即次级债投资人存在对商业银行风险的市场约束。

$$Bv_1 = v_0 \sum_{n=0}^{\infty} e^{-\lambda E[J]t + n\mu_0 + \frac{n\sigma_0^2}{2}} N(d_1^*) \frac{(\lambda t)^n}{n!} - (D-B)e^{-\lambda t-rt} \sum_{n=0}^{\infty} N(d_2^*) \frac{(\lambda t)^n}{n!}$$

$$-\left(v_0 \sum_{n=0}^{\infty} e^{-\lambda E[J]t+n\mu_0+\frac{n\sigma_0^2}{2}} N(d_1) \frac{(\lambda t)^n}{n!} - De^{-\lambda t-rt} \sum_{n=0}^{\infty} N(d_2) \frac{(\lambda t)^n}{n!}\right)$$

$$\frac{\partial Bv_1}{\partial \sigma} = v_0 \sum_{n=0}^{\infty} [\varphi(d_1^*) - \varphi(d_1)] e^{-\lambda E[J]t+n\mu_0+\frac{n\sigma_0^2}{2}} \frac{\sigma t}{\sqrt{t\sigma^2+n\sigma_0^2}} \frac{(\lambda t)^n}{n!}$$

本书利用 Mathematica7.0（下文同）对解析式进行数值模拟。根据交通银行、招商银行等商业银行资产负债率及银行间债券市场综合收益率的相关数据，本书将商业银行现在的资产价值设为 100，一年后债务总价值为 90，次级债价值为 10，无风险利率取 0.03。图 4-1 给出了横轴为风险 σ，纵轴为次级债价值 Bv_1 的数值模拟。其表示次级债价值随风险变化的趋势。

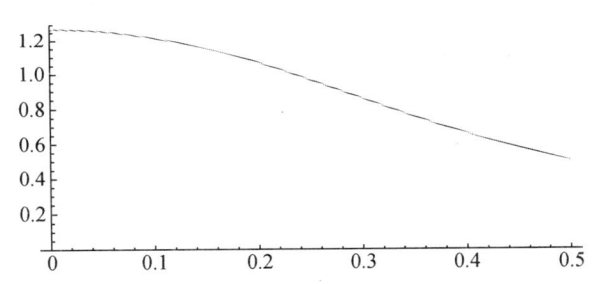

图 4-1　商业银行风险变化对次级债价值的影响

从图 4-1 中可以看出，次级债价值随风险增加而减小。对于次级债投资人来说，其资产价值随商业银行风险加大而减小，因此其会选择风险小的商业银行进行投资。这说明次级债有明显的市场约束激励。

（二）资产跳跃对次级债价值的影响

商业银行资产价值的渐进式或者突然大幅度变动体现了商业银行的经营是在稳健还是激进的情况下运行。本章分析次级债价值是否受资产价值跳跃的平均程度和跳跃强度几个参数的影响。若商业银行资产的大幅度频繁变动引致次级债价值下降，说明商业银行的不稳健运营，即风险增加时次级债价值受损，这种情况说明次级债市场约束存在。若没有引致次级债价值下降，则说明市场约束不存在。因此本章继续进行数值模拟，以探求次级债价值如何变化，从而说明其市场约束作用。

（1）资产跳跃均值对次级债价值的影响。图 4-2 横轴为资产跳跃平均程度 μ_0，纵轴为次级债价值 Bv_1。该图显示的是资产跳跃均值 μ_0 的变化如何影响次级债的价值。次级债价值在 0.1 附近达到最大，然后随着 μ_0 的增大或减小，次级债价值递减。说明资产的逐步渐进式扩张，有助于次级债价值的增加，因为资产的渐进式增加（例如 $0 \leq \mu_0 \leq 0.1$）是商业银行经营管理良好或者宏观经济向好的体现，自然其发行的次级债价值也会增加。无论是资产迅速扩张（如 $\mu_0 > 0.2$）还是缩小（如 $\mu_0 < 0$），都会引起次级债价值的减小。因为资产迅速扩张或缩小（如贷款规模迅速增加），都往往伴随商业银行风险的增加。因此说明次级债投资人有激励对商业银行的资产迅速扩张或缩小进行监督，从而又一次印证了次级债存在市场约束激励。

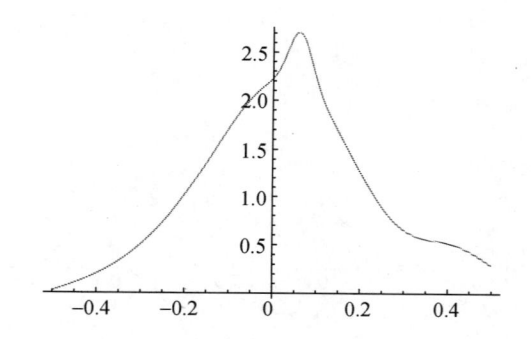

图 4-2 平均跳跃程度变化对次级债价值的影响

（2）跳跃强度对次级债券价值的影响。图 4-3 横轴为资产跳跃强度 λ，纵轴为次级债价值 Bv_1。该图显示的是 λ 的变化如何影响次级债的价值。从图 4-3 中可以看出，当资产平均跳跃强度较低时（不超过 1 时），次级债价值是随之增加的。但是当跳跃渐近频繁时，次级债价值下降。也就是说，如果资产值稳定增长，次级债价值增加；如果资产值频繁跳动增加时，次级债价值下降。说明次级债投资人有激励监督商业银行资产价值的频繁跳跃扩张。资产价值的频繁跳跃同样是风险大、经营不稳健的表现。因此资产值频繁变动的商业银行不会得到次级债投资者的青睐，市场约束激励存在。

综合以上分析和数值模拟可以得出次级债存在对商业银行风险市场约束的激励。而且次级债的价值随资产价值稳步增加而增加。但是如果资产价值频繁变化或者跳跃程度剧烈，则次级债价值下降。因此发行次级债有

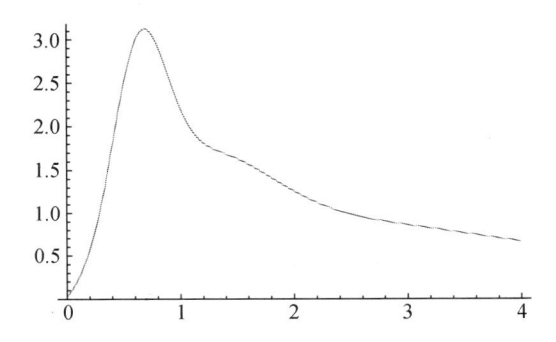

图 4 – 3 资产跳跃强度变化对次级债价值的影响

助于市场对商业银行风险及盲目扩张资产的监督。同时也说明监管当局在审批商业银行发行次级债以及商业银行自身选择发行次级债的时机时,要充分考虑资产变化情况、经营是否稳健等因素。

三 次级债对存款人市场约束影响的分析

未发行次级债时,存款人得到支付:

$$S_{0t} = \begin{cases} v_t & \text{当 } v_t \leq D \text{ 时} \\ D & \text{当 } v_t > D \text{ 时} \end{cases}$$

因此,根据引理计算存款债权价值:

$$\begin{aligned}
sv_0 &= e^{-rt}(E[s_{ot}1_{\{v_t \leq D\}}] + E[s_{ot}1_{\{v_t > D\}}]) \\
&= e^{-rt}\sum_{n=0}^{\infty}(E[v_t 1_{\{v_t \leq D\}}|N_t = n] + E[D1_{v_t > D}|N_t = n])P(N_t = n) \\
&= e^{-rt}\sum_{n=0}^{\infty}(v_0 e^{rt+(\lambda-\lambda E[J])t+n\mu_0+\frac{n\sigma_0^2}{2}}N(-d_1) + DN(d_2))\frac{(\lambda t)^n}{n!}e^{-\lambda t} \\
&= v_0\sum_{n=0}^{\infty}\left(e^{-\lambda E[J]t+n\mu_0+\frac{n\sigma_0^2}{2}}N(-d_1)\frac{(\lambda t)^n}{n!}\right) + De^{-rt-\lambda t}\sum_{n=0}^{\infty}N(d_2)\frac{(\lambda t)^n}{n!}
\end{aligned}$$

$$d_1 = \frac{(r+\frac{\sigma^2}{2})t + (\lambda-\lambda E[J])t + n\mu_0 + n\sigma_0 + \log\frac{v_0}{D}}{\sqrt{t\sigma^2 + n\sigma_0^2}}$$

$$d_2 = \frac{(r-\frac{\sigma^2}{2}+\lambda-\lambda E[J])t + n\mu_0 + \log\frac{v_0}{D}}{\sqrt{t\sigma^2 + n\sigma_0^2}}$$

发行次级债后,存款人得到支付:

$$s_{1t} = \begin{cases} v_t & \text{当 } v_t \leq D - B \\ D - B & \text{当 } v_t > D - B \end{cases}$$

存款债权价值为:

$$sv_1 = e^{-rt} (E[v_t 1_{\{v_t \leq D-B\}}] + E[(D-B) 1_{\{v_t > D-B\}}])$$

$$= v_0 \sum_{n=0}^{\infty} (e^{-\lambda E[J]t + n\mu_0 + \frac{n\sigma_0^2}{2}} N(-d_1^*) \frac{(\lambda t)^n}{n!})$$

$$+ (D-B) e^{-rt - \lambda t} \sum_{n=0}^{\infty} N(d_2^*) \frac{(\lambda t)^n}{n!}$$

$$d_1^* = \frac{(r + \frac{\sigma^2}{2}) t + (\lambda - \lambda E[J]) t + n\mu_0 + n\sigma_0^2 + \log \frac{v_0}{D-B}}{\sqrt{t\sigma^2 + n\sigma_0^2}}$$

$$d_2^* = \frac{(r - \frac{\sigma^2}{2}) t + (\lambda - \lambda E[J]) t + n\mu_0 + \log \frac{v_0}{D-B}}{\sqrt{t\sigma^2 + n\sigma_0^2}}$$

(一) 关于存款人的市场约束

本书继续进行数值模拟,探求随着商业银行的风险变化,存款债权价值如何变化。图4-4和图4-5分别为以商业银行风险 σ 为横轴,未发行次级债和发行次级债后,存款价值 sv_1 的变化。从图4-4和图4-5可以看出,无论发行次级债与否,存款债权价值均随商业银行风险的增大而减小。因此存款人存在对商业银行风险的约束激励。即如果商业银行的风险增加,存款人有激励通过自己的行为对商业银行进行选择。例如,通过选择风险低的商业银行进行存款或者对风险高的商业银行要求更高的利息回报等方式进行市场约束。并且次级债的发行并没有改变存款人的市场约束作用。

那么发行次级债对存款债权市场约束有什么影响?图4-6表示的是以 σ 为横轴的 $\frac{\partial sv_0}{\partial \sigma}$、$\frac{\partial sv_1}{\partial \sigma}$ 导函数。从图4-6中可以看出,发行次级债使存款债权价值对风险的导数绝对值降低,这说明存款债权在发行次级债后对风险容忍度、敏感度降低。这可以看作次级债对存款债权的风险补偿,即次级债的发行,使存款人更加"信任商业银行一定程度的冒险行为"。这是因为发行次级债前,商业银行的全部债务为存款;发行次级债后,债务分为存款和次级债,又因为在一定时间内,商业银行的负债和风险度不能超过一定限额,次级债对风险的敏感度又高于存款债权,因此可以说是次级债分担了原来一部分存款债权的风险容忍度,导致存款债权对风险敏感的下降。该结论也和许友传和何佳(2008)的研究结论一致。

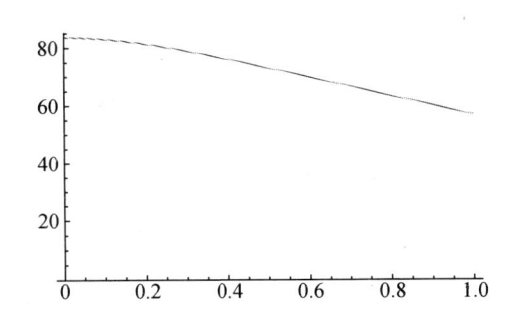

图4-4 未发行次级债时风险对存款债权价值的影响

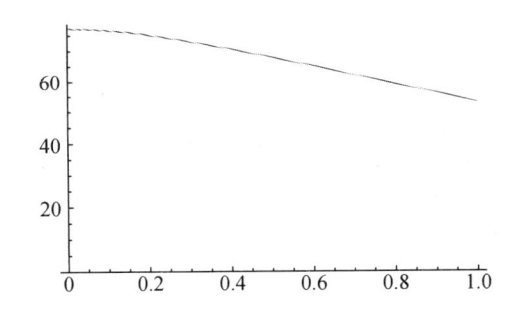

图4-5 发行次级债后风险对存款债权价值的影响

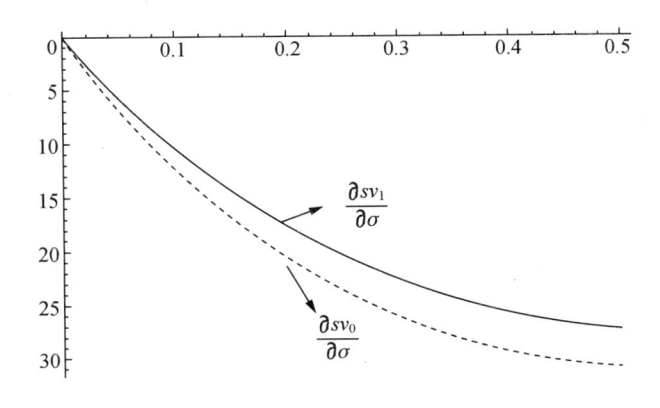

图4-6 存款债权价值对银行风险敏感程度的比较

(二) 资产跳跃对存款债权价值的影响

1. 资产跳跃均值对存款债权的影响

图 4-7 和图 4-8 是以 μ_0 为横轴、纵轴为未发行次级债和发行次级债后存款价值的数值模拟图。图 4-7 和图 4-8 表明，如果 μ_0 大于零，随着 μ_0 的增大，存款债权价值下降；如果 μ_0 小于零，随着 μ_0 的下降，存款债权价值减小，且该趋势与发行次级债与否无关。资产的迅速增加和缩小都会导致存款价值的缩小，这说明存款人面对商业银行的资产迅速扩张和减小都有监督的激励。因为资产的迅速扩张和减小往往意味着商业银行的风险增加，说明存款债权的市场约束作用没有因次级债的发行与否而受到本质的改变。图 4-9 是以 μ_0 为横轴，$\dfrac{\partial sv_1}{\partial \mu_0}$，$\dfrac{\partial sv_0}{\partial \mu_0}$ 的导函数图。表明发行次级债后，存款债权对资产平均跳跃程度没有发行次级债前敏感。同样说明次级债债权在一定程度上对存款债权构成了风险补偿，次级债的发行分担了存款债权担当的一部分市场约束作用。

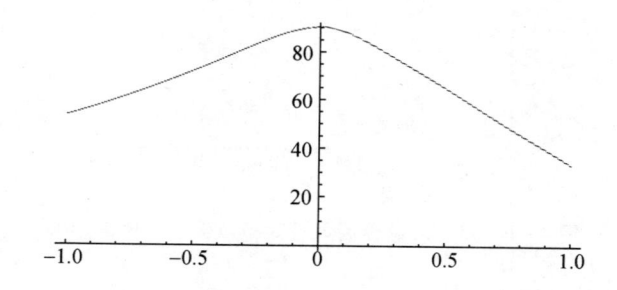

图 4-7 未发行次级债时资产跳跃均值对存款债权价值的影响

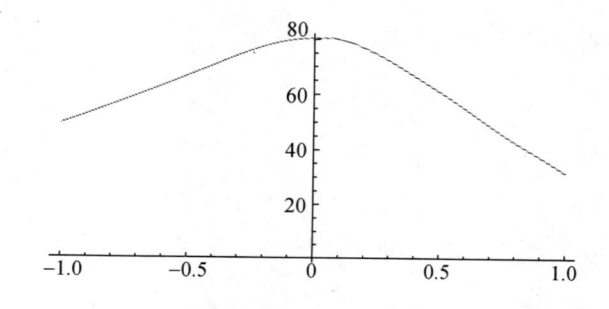

图 4-8 发行次级债后资产跳跃均值对存款债权价值的影响

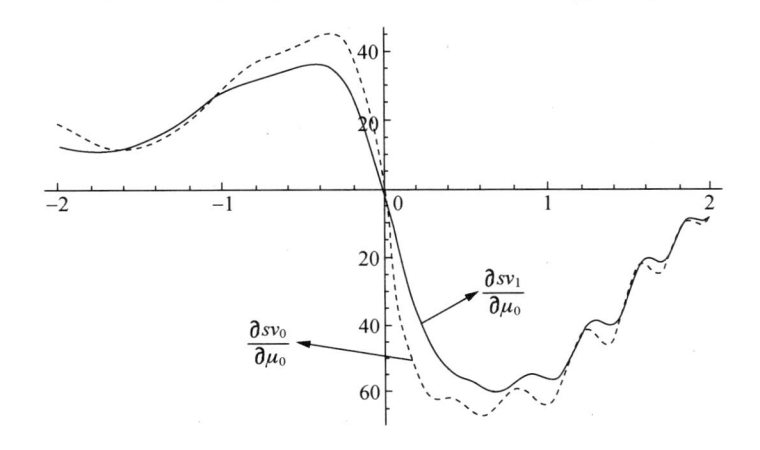

图 4-9　存款债权价值对资产跳跃均值敏感程度的比较

2. 资产跳跃强度对存款债券价值的影响

图 4-10 和图 4-11 分别为以资产跳跃强度 λ 为横轴，未发行次级债和发行次级债后存款价值的数值模拟。图 4-10 和图 4-11 表明，随着 λ 的增大，存款债权价值下降，且该趋势与发行次级债与否无关。说明存款人面对商业银行的资产频繁扩张和减小有监督的激励，市场约束的本质不因次级债的发行与否而改变。但是从图 4-12 中可以看出，总体来说，$\frac{\partial sv_0}{\partial \lambda}$ 的绝对值比 $\frac{\partial sv_1}{\partial \lambda}$ 大，说明发行次级债后存款债权对资产的跳跃频率敏感度下降。同上文，再次说明次级债的发行在一定程度上对存款债权构成了风险补偿，也说明了次级债为存款债权承担了一部分风险的监督作用。

综合以上分析和数值模拟，可以得出结论：存款债权存在对商业银行风险限制的市场约束，并且这种市场约束的激励并不随发行次级债与否而改变。同样，存款债权也对商业银行资产的迅速扩张和减小有市场约束作用，并且也不随发行次级债与否而改变。但是，次级债的发行在一定程度上降低了存款债权对风险的敏感度，即存款债权价值随风险增加而下降的速度减慢了。这说明次级债债权在一定程度上补偿了存款债权价值，为存款债权价值承担了一部分商业银行自身风险和市场约束作用。

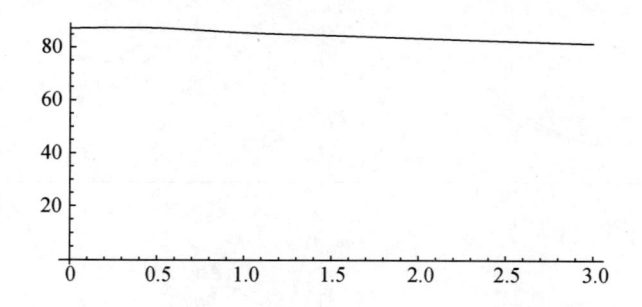

图4-10 未发行次级债时资产跳跃强度对存款债权价值的影响

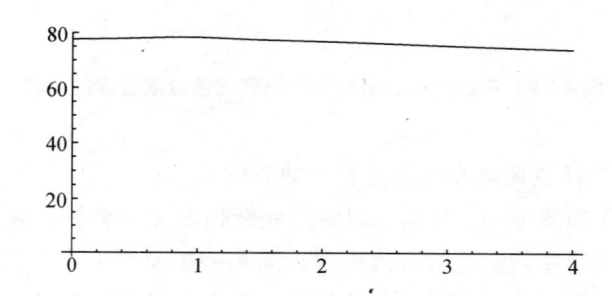

图4-11 发行次级债后资产跳跃强度对存款债权价值的影响

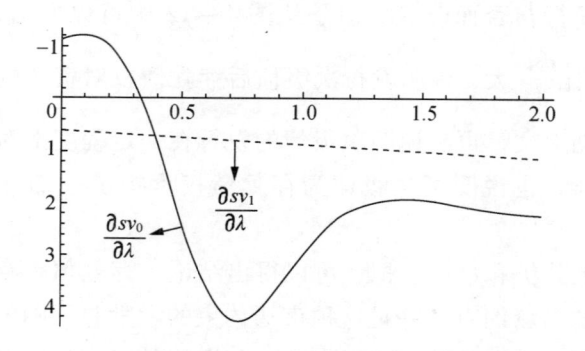

图4-12 存款债权价值对跳跃均值敏感程度的比较

本节利用数学模型和数值模拟推导和阐释了次级债具有的市场约束属性,本书同时分析了次级债的发行对存款债权市场约束的影响,例如比较次级债发行前后存款债权对商业银行风险、资产迅速变化及资产跳跃变化强度等反应敏感性的对比。需要说明的是,本节的数理模型说明了存款人对商业银行存在市场约束作用,这似乎与前一章对我国存款人的实证分析证实的我国存款人市场约束不存在的事实相互矛盾。实际上，二者并不矛盾。因为本节的数学模型暗含一个假设前提是存款人能够识别到商业银行的风险。在这个假设成立的条件下，存款人一旦发现风险增大就会对商业银行进行市场约束。而前一章的实证分析恰恰说明的是我国存款人由于对商业银行规模的"大而不倒"的预期，不关注商业银行的风险，导致市场约束无效，因此二者并不矛盾。而且本节部分恰恰进一步说明了前一章的加强对存款人教育及信号显示的必要性和重要性。只有成熟的存款人和次级债投资人，能够充分识别商业银行的风险，才能真正发挥市场约束主体应发挥的作用，从而有助于金融系统的良性运行。本节证明了次级债应具有的市场约束的本质属性，但是，为什么其他文献认为我国次级债没有发挥市场约束作用呢？例如靳瑾和褚保金（2007）用对2003—2007年我国商业银行发行的次级债的利差与商业银行的风险变量的关系进行实证分析。董晓林和靳瑾（2008）利用利差和发行决策模型对次级债市场约束进行实证分析。其结论均为我国商业银行次级债市场约束微弱。这是不是意味着本书与相关文献结论相悖？答案是否定的。因为本节的数学模型建立在理想假定的条件下，类似于微观经济学中的完全竞争市场。本节的主要目的在于说明次级债本应具备的市场约束的本质属性。那么究竟是什么原因导致我国次级债未能发挥其作用呢？本章下一节将对我国商业银行发行次级债的特殊事实——"相互持有"进行分析。从而揭示我国商业银行次级债市场约束作用薄弱的问题所在，下一节内容也是本书的重要创新之处。

第四节　我国次级债市场约束的发展

前文已经对次级债理论上应具有的市场约束作用进行了分析，本节的目的是分析我国次级债市场约束的实际情况，重点对我国商业银行"相互持有"次级债的问题进行研究。

一　次级债在中国发展的概况及特殊性

我国商业银行次级债的发展起步较晚，2003年兴业银行发行了我国商业银行的首只次级债。随后我国商业银行掀起了发行次级债券的浪潮。和金融业成熟的国家相比，我国商业银行的次级债有两大特殊性：一是我国商业银行次级债在二级市场流动性不强[①]；二是我国商业银行发行的次级债大多是由其他商业银行进行投资，即次级债在我国银行业相互持有的现象非常严重。[②] 就整体情况而言，中国债券信息网显示，截至2009年7月，商业银行发行的次级债接近4300亿元。根据监管当局测算，银行业金融机构发行的次级债有51%在银行体系内由各银行交叉持有。据此估算，银行业交叉持有的次级债应不少于2000亿元（方会磊等，2009）。就个体而言，例如中建两行相互持有次级债的现象就曾受到广泛关注：2004年7月，中行发行140.7亿元次级债，建行以37亿元成为第一大买家，随后建行发行150亿元的次级债，中行成为其第四大买家（毕玉升等，2010）。

这种相互持有的现象在业界早已经不是新闻，因为我国商业银行发行次级债的最主要目的是为了提高资本充足率，这早已成为不争的事实。2003年银监会颁布了《关于将次级定期债务计入附属资本的通知》，2004年2月银监会又颁布了《商业银行资本充足率管理办法》，正式将商业银行发行的次级债券计入商业银行的附属资本。这也就意味着次级债可以充当我国商业银行当时迫切需要解决的资本充足问题的解决办法。图4-13是我国商业银行历年次级债的发行情况[③]，从图中可见2004年、2005年和2009年是发行的高峰（单位亿元）。因为我国商业银行在2004年以前资本充足率严重不足。国有商业银行可以借助国家的注资（1998年的特别国债，2004年的外汇储备注资）补充资本金，但是其他商业银行没有这种待遇。而商业银行以利润积累来补充资本的方式又过于缓慢，在这种背景下，依靠发行次级债来补充附属资本就成为最佳的选择。而2009年由于宽松的货币政策和大规模的信贷投放导致资本充足率下滑，因此各商业银行通过发行次级债补充资本金。以上事实充分说明我国商业银行拿次级债券补充资本金的目的性。

实际上，商业银行通过发行次级债补充资本充足率本无可厚非，但是

---

① C. Karacadg等（2000）认为，流动性强的市场是次级债发挥市场约束作用需要的前提条件之一。

② 例如，根据美国联邦国民抵押协会（FNMA，2000）的报告称，保险公司对次级债的购买额占美国次级债券市场总额的50%—70%，还有共同基金等投资方。

③ 《中国金融发展报告》，社会科学文献出版社2005—2010年版；《中国金融年鉴》编辑部：《中国金融年鉴》，中国金融出版社2007年版。

相互持有次级债事实上相当于并未发生投资即可补充资本金,而且相互持有次级债相当于商业银行间的"相互帮忙",还可以压低发行利率等"优惠",给发行方节约了发行成本。以2011年1—4月发行的固定利率次级债券为例[①]:民生银行10年期次级债票面年利率申购区间为5.5%—5.8%;北京银行15年期次级债申购区间为4.8%—5.5%;徽商银行15年期次级债申购区间为6.4%—6.8%。而2011年凭证式(一期)5年期固定利率国债的票面年利率为5.75%。可见我国商业银行发行次级债的利息成本并不高。

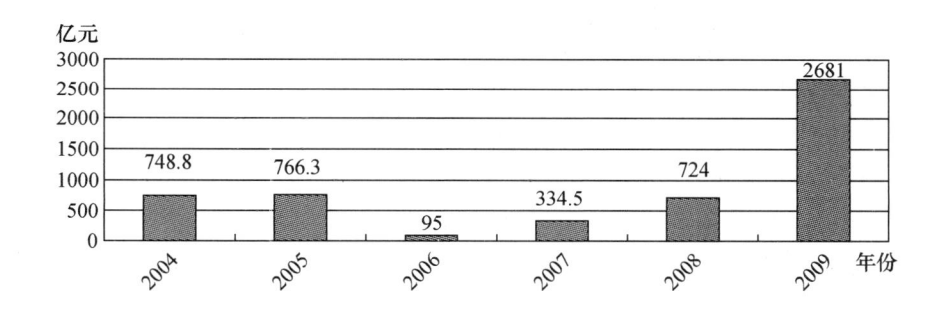

图4-13 我国商业银行历年次级债的发行量

二 研究思路及文献回顾

相对于我国商业银行相互持有次级债能迅速补充资本金、成本低廉等"优点",有不少业界人士对相互持有次级债可能产生的风险表示了担忧。因为相互持有次级债,事实上相当于商业银行之间做的账面数字。那么在相互持有次级债的情况下,次级债对风险的市场约束功能还能得到发挥吗?如果对风险的市场约束作用被削弱,又是什么因素导致的呢?相关文献认为相互持有次级债通过增加流动性风险,即违约传染进而加大银行间系统性风险,但是,本书并不认同这种直觉式的观点。因为截至2009年我国次级债余额约4300亿元,2009年我国金融机构存款总量为597741亿元[②],次级债余额占存款总量之比不足1%。正因为次级债总量在商业银行的资金来源中占比还很小,因此本书不认为一家商业银行次级债违约会

---

① 中国债券信息网:各商业银行次级债发行公告。
② 《中国统计年鉴》(2010)。

引发"多米诺骨牌效应",导致其他金融机构皆不偿还次级债,进而造成流动性风险。即这种直觉式的"一家商业银行拖欠次级债,其他商业银行皆违约"会造成系统性风险并不成立。那么,相互持有次级债是否导致了银行间系统性风险的增加?如果是,到底是何种因素导致潜在的系统性风险?如果可以找到这些因素,就可以为监管当局及政策决策者提供一定的理论依据。

本节的研究目的是基于我国商业银行次级债相互持有的现实性问题,对其可能造成削弱市场约束和资本约束功能等问题进行学术上的分析与论述,并借助严格的数理分析和数值模拟进行研究,使本书的结论具有理论和实践的双重意义。本节力图明确并解决以下几个问题:

(1)"相互持有"是否造成了次级债市场约束功能和资本约束功能的削弱?哪些因素导致了其市场约束作用的减弱?

(2)"相互持有"造成潜在银行间系统性风险的途径是什么?是流动性风险吗?

(3)我国次级债的发展中还存在哪些问题?如何发挥次级债应有的作用,进而为我国商业银行的健康发展做出贡献?

本节通过数理模型推导和经济意义的论证后提出。"相互持有"以及我国商业银行资产的高度相关等因素是导致次级债市场约束作用减弱的重要原因。"相互持有"造成次级债应有的风险约束与调节资产结构等功能无法发挥,这些才是造成潜在系统性风险的真正原因。在这些结论的基础上,本书提出如何发展次级债,发挥其应有的市场约束作用以降低银行间风险的建议。本书接下来进行文献回顾和本书的理论模型、数值模拟及分析过程,最后是结论总结及相关建议。

国外文献对次级债券的市场约束进行了大量的实证研究。主要是通过次级债券的收益率和商业银行风险的相关变量之间的关系,来探讨次级债是否对商业银行风险构成了有效的市场约束。De Young、Flannery、Lang和 Sorescu(1998)用 1986—1995 年 1079 家商业银行的数据进行了实证分析,用骆驼评级法(Camel)作为银行风险的解释变量,再探求其与次级债收益率的关系。除了验证收益率是否与风险相关,还有文献从次级债价格是否能对新的信息做出理性反应的角度进行研究。Allen 等(2004)的实证研究证明了如果次级债持有人关心风险,就会根据信息调整其对所持债券价格的估计。由于商业银行相互持有次级债的问题为我国特有的现象,因此研究次级债相互持有的国外文献很罕见。从国内的情况来看,我国商业银行发行次级债的时间较晚,兴业银行于 2003 年年底发行了次级债,成为我国首家发行次级债券的商业银行。因此国内的学术界中对次级债的讨论也比较有限,而且常见于次级债的市场约束理论研究(许友传和何佳,2008;喻鑫和李威,2009),次级债的风险溢价的实证分析等(董晓林和靳瑾,2008;蒋天虹,2008;靳瑾和褚保金,2007)。关于相互持有的探讨也并不多见,只有张玉梅和赵勇(2005)从定性的角度指出了我国商业银行相互持有次级债的目的是补充资本金,相互持有可能造成的道德风险以及可能存在的系统性风险。毕玉升等(2010)利用约化法对银行之间相互持有次级债的风险进行了定性和定量分析,指出相互持有次级债引发的违约传染风险会非常巨大。武锶芪(2010)指出了削弱相互持有次级债可以提高资本金质量。

从上述文献来看,大多数都是关于次级债对风险的市场约束的实证研究。国外文献得出的次级债对风险的市场约束作用比较明显。而国内文献多是参照国外文献建立回归方程,但是对次级债是否发挥市场约束作用的争议很大。即有的文献认为,我国次级债已经开始发挥市场约束作用;有的文献认为,我国次级债还远没有发挥其风险监督作用。但是,必须注意的是,国外的研究一般建立在发达、完善的金融市场的基础上,因此会限制其结论在我国的适用性,即对我国次级债的分析必须考虑我国商业银行所处的背景(张正平,2009)。本书认为,相关文献之所以得出不同的结论,其根本原因正是由于忽略了我国次级债的特殊性,即引言中提到的流动性差与相互持有,因此本章认为,我国次级债研究不能照搬国外文献的实证研究模型。因为忽略了我国国情做出的计量结果无法让人信服甚至是错误的结论。事实上,由于流动性很差以及期限相匹配的国债难以寻找等原因,本书不认为,照搬国外的计量模型可以很好地拟合我国的现实情况。本书认为,由于流动性差,次级债不可能在二级市场上发挥其市场约束作用。由于"相互持有",次级债也难以在发行环节上发挥市场约束作用。而且国内鲜有文献从我国商业银行相互持有次级债的这个事实角度进行理论论证和分析。即便分析了"相互持有"的现象也多从定性的角度进行纯文字的推理分析。而且相关文献多出于经济学的直觉,对相互持有次级债可能造成银行间风险加剧进行了说明,并认为是流动性风险或者说是违约传染导致系统性风险的增加(张玉梅和赵勇,2005;武锶芪,

2010；毕玉升等，2010）。正如前文所述，本书不认为，这种直觉式的流动性风险是造成系统性风险的原因。本书认为，相关文献未从严格的经济理论予以论证是何种原因、何种因素造成系统风险的加剧，也未从次级债本应具有的市场约束功能和资本约束监管角度进行分析。因而相关文献在针对我国"相互持有"现实的问题上并没有揭示出问题的本质。本书认为，如果我国次级债对市场约束作用被削弱，那么找出导致其被削弱的原因，进而揭示出相互持有次级债以何种途径导致潜在的系统性风险，对于货币政策决策层及监管当局都至关重要。市场约束已经成为《巴塞尔协议》的第三支柱，随着我国金融市场的逐步成熟必将发挥其越来越重要的作用。

本书力图从学术角度，利用数理模型对"相互持有"的现象进行经济学分析，研究结果具有理论和现实两方面的贡献。首先，通过数理模型阐明哪些因素导致市场约束和资本约束功能的削弱，以及导致商业银行风险加剧的机制，突破了以往文献仅从定性的角度对此问题进行思考的局限，具有重要的理论意义。其次，在揭示这些原因的基础上，结合中国现实，提出如何发展次级债市场，促进其对商业银行风险约束作用的加强，这不仅可以指导商业银行更好地开展相关业务，而且为监管当局和决策层提供了有效管理的理论依据及实践参考，具有重大的现实意义。

三 相互持有的数理分析

（一）模型的构建及推理假设

基于前文的分析，本书在 Black 和 Scholes（1973）、Morton（1974）、Black 和 Cox（1976）或有权估值理论的基础上，建立商业银行相互持有次级债对风险约束影响的数理模型。假设两家商业银行 A、B 的普通资产价值变动服从几何布朗运动，分别用式子表示如下[①]：

$$dV_t^1 = \mu_1 V_t^1 dt + \sigma_1 V_t^1 dW_t^1$$

$$dV_t^2 = \mu_2 V_t^2 dt + \sigma_2 V_t^2 dW_t^2$$

其中，W_t^1 与 W_t^2 为满足相关系数为 ρ 的维纳过程。在风险中性测度 Q 下，商业银行的普通资产价值满足：

---

① 本节的数学模型建立在商业银行资产服从几何布朗运动的假设下，与上节强调的离散模型相比稍显不完美。但是，若此处增加跳跃过程则数学模型过于复杂冗余，违背了运用数学工具简洁说明经济学意义的初衷，因此本节内容依然遵从相关文献的经典理论，即假设商业银行资产服从几何布朗运动。

$$V_t^1 = V_1 \exp\left\{\left(r - \frac{\sigma_1^2}{2}\right)t + \sigma_1 \Delta W_t^{1Q}\right\}$$

$$V_t^2 = V_2 \exp\left\{\left(r - \frac{\sigma_2^2}{2}\right)t + \sigma_2 \Delta W_t^{2Q}\right\} \quad (陈松男, 2002)$$

其中，$\Delta W_t^{1Q} = W_t^{1Q} - W_0^{1Q}$ 与 $\Delta W_t^{2Q} = W_t^{2Q} - W_0^{2Q}$ 为满足相关系数为 ρ 的二元正态分布。

我们研究 A、B 两家银行的风险与收益的关系。假设 A、B 两家银行拥有两种债务：高级债（一般存款或同业拆借等债权）和次级债。A 银行持有高级债务 K_{11}，B 银行持有高级债务 K_{12}。为了简化起见，假设两家商业银行互相持有次级债 K_2，并且假设期末 A 银行可以偿还 B 银行的次级债余额为 D_t^1、B 银行可以偿还 A 银行的次级债余额为 D_t^2（由于债券价值不能为负，因此 D_t^1、D_t^2、K_{11}、K_{12}、K_2 均大于 0）。由于次级债的清偿顺序落后于高级债，可得（4-1）式：

$$\begin{cases} D_t^1 = (V_t^1 + D_t^2 - K_{11}) + K_2 \\ D_t^2 = (V_t^2 + D_t^1 - K_{12}) + K_2 \end{cases} \quad (4-1)$$

进一步计算可得（4-2）式[①]：

$$D_t^1 = \begin{cases} K_2 & V_t^1 \geq K_{11} + K_2 \text{ 或者 } K_{11} + K_2 > V_t^1 \geq K_{11} \text{ 且 } V_t^1 + V_t^2 \geq K_{11} + K_{12} \\ V_t^1 + K_2 - K_{11} & K_{11} > V_t^1 \geq K_{11} - K_2 \text{ 且 } V_t^1 + V_t^2 \geq K_{11} + K_{12} \\ V_t^1 - K_{11} & K_{11} + K_2 > V_t^1 \geq K_{11} \text{ 且 } V_t^1 + V_t^2 < K_{11} + K_{12} \\ 0 & \text{其他情况} \end{cases}$$

$$(4-2)$$

由于对称性，D_t^1、D_t^2 分布可以用图 4-14 表示（图 4-14 中括号里的数字表示该区域内 D_t^1、D_t^2 的数值）。

对于 A 银行的股东来说，其收益（净资产）为 $S_t^1 = (V_t^1 + D_t^2 - K_{11} - K_2)^+$，通过代入图 4-14 中的 D_t^1、D_t^2 的数值，可以得出 S_t^1 的解：

$$S_t^1 = \begin{cases} V_t^1 - K_{11} & V_t^2 \geq K_1, V_t^1 \geq K_{11} \\ V_t^1 + V_t^2 - K_{11} - K_{12} & K_{12} > V_t^2 \geq K_{12} - K_2, V_t^1 + V_t^2 \geq K_{11} + K_{12} \\ V_t^1 - K_{11} - K_2 & V_t^1 > K_{11} + K_2 \text{ 且 } V_t^1 + V_t^2 \leq K_{11} + K_{12} \text{ 或者 } V_t^1 < K_{11} + K_2 \text{ 且 } V_t^2 < K_{12} - K_2 \\ 0 & \text{其他情况} \end{cases}$$

[①] （4-2）式的推导见附录。

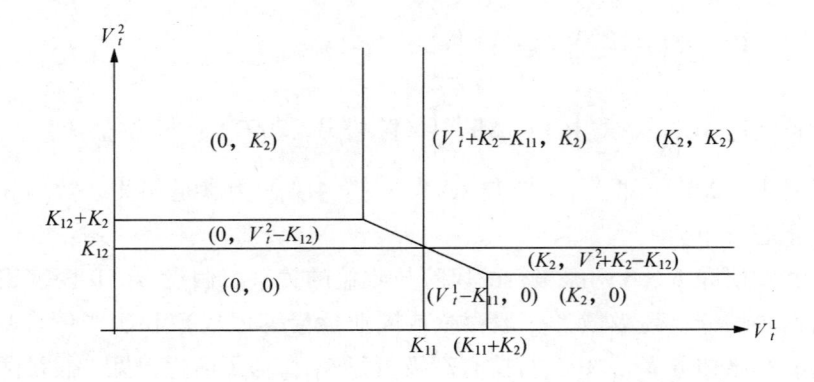

图 4-14 D_t^1, D_t^2 数值的分布

代入 V_t^1, V_t^2 的表达式经过计算，股东权益的现值为：
$$S_0^1 = e^{-rt}E^Q[S_t^1]$$
$$= e^{-rt}\{\int_{x_1}^{\infty}\int_{y_1}^{\infty}(V_t^1 - K_{11})n(x,y,\rho)\mathrm{d}y\mathrm{d}x + \int_{x_2}^{\infty}\int_{y_2}^{y_1}(V_t^1 + V_t^2 - K_{11}$$
$$- K_{12})n(x,y,\rho)\mathrm{d}y\mathrm{d}x$$
$$+ \int_{x_1}^{x_2}\int_{y_3}^{y_1}(V_t^1 + V_t^2 - K_{11} - K_{12})n(x,y,\rho)\mathrm{d}y\mathrm{d}x$$
$$+ \int_{x_2}^{\infty}\int_{-\infty}^{y_2}(V_t^1 - K_{11} - K_2)n(x,y,\rho)\mathrm{d}y\mathrm{d}x\} \text{①} \tag{4-3}$$

至此，本书得到了 A 银行股东权益价值的解析式。A 银行股东作为 B 银行的次级债投资人，即次级债的收益人，其权益直接受到 B 银行的风险影响，所以次级债对 B 银行风险约束的主体即 A 银行股东。本书的目的是探求商业银行相互持有次级债如何对次级债的市场约束造成影响。因此在对数理模型做进一步的推导之前，本书先对可能影响次级债风险约束的因素进行分析。首先，"相互持有" 与 "不相互持有" 的本质区别在于"相互持有" 相当于用次级债 "绑定" 了两家银行。即相互性决定了银行之间存在 "你中有我，我中有你" 的联系与影响。那么，A 银行与 B 银行资产的相关性或许在 "绑定" 中起到重要的作用，因为 "绑定" 本身

---

① S_0^1 相关参数的表达式见附录。其中 $n(x,y,\rho) = \frac{1}{\sqrt{2\pi}}e^{-\frac{x^2}{2}}\frac{1}{\sqrt{2\pi}\sqrt{1-\rho^2}}e^{-\frac{(y-\rho x)^2}{2(1-\rho^2)}}$ 是二元正态密度函数。

就意味着只有相互联系才能发挥作用。其次，其中一家银行资产的风险变化很可能会通过"绑定"关系的传递，影响其对另一家银行的监督作用。最后，相互持有的次级债的规模大小也可能影响风险约束的强弱。① 我们再回到解析式，从 S_0^1 的构成上看，银行资产风险和相关系数 ρ 等参数也正是影响 S_0^1 的重要变量。因此本书提出假设命题：在相互持有次级债的情况下，银行资产的相关性、自身风险与相互持有的次级债规模也许是造成风险约束作用减弱的重要原因。

本书讨论 $\frac{\partial S_0^1}{\partial \sigma_2}$ 的数值变化。因为 B 银行发行的次级债的投资人、受益人、债权人都为 A 银行股东。该导数表示 A 银行在投资次级债的时候是否会关心 B 银行的风险行为，即 B 银行的经营风险如何影响 A 银行股东的价值。即 σ_2 上升，是否会令 S_0^1 减小？如果令 S_0^1 上升（导数为正），或者 S_0^1 不随 σ_2 变化而变化（导数为 0），都意味着削弱了市场约束功能，因为 A 银行股东权益并不随 B 银行的风险增加而减小。虽然严格地说，是削弱了持债银行市场约束的动机，但是由于 A 银行股东同时作为 B 银行发行的次级债的债权人，因此债权价值包含在股权价值中。如果随着 B 银行风险的增加，其债权人的资产价值增加或者不变，则债权人没有动力进行市场约束。因为 B 银行风险的提高不能令次级债债权价值降低，债权人即 A 银行股东不但没有动力去对 B 银行进行风险约束，反而有可能存在"激励"去"纵容"银行尽可能地提高风险水平，通过高风险来获得可能的高回报（许友传，2008）。在这点上股东权益和债权价值一致，所以市场约束的功能几乎必然在一定程度内受到削弱。同时，我们也可以将"相互持有"与"不相互持有"做比较，如果该偏导数值比"不相互持有"情况下的数值大，就说明"相互持有"削弱了"不相互持有"时次级债应具有的风险约束作用。因为市场约束的存在意味着偏导数为负，市场约束越强，偏导数越小。如果市场约束确实被削弱，在求导的过程中，通过对参数的分析可以探求在相互持有的过程中，究竟是何种因素，通过何种途径，影响次级债的市场约束作用。

---

① 次级债的规模效应对市场约束作用的发挥，De Ccuster 和 Masselhelein（1999）认为，如果次级债的规模只占商业银行总体负债的一小部分，次级债的市场约束动机薄弱，但是其研究没有建立在"相互持有"的基础上，因此本书的结论可能不同。

(二) 数理模型对推理假设的解释

S_0^1 的解析式即 (4-3) 式不易分析，我们对 S_0^1 进行分解：

$$S_0^1 = \tilde{S}_0^1 + \Delta S_0^1 + R \tag{4-4}$$

其中，

$$\tilde{S}_0^1 = e^{-rt}\left\{\int_{x_1}^{\infty}\int_{y_1}^{\infty} K_2 n(x,y,\rho)dydx + \int_{x_1}^{\infty}\int_{y_2}^{y_1}(V_t^2 - K_{12} + K_2)n(x,y,\rho)dydx\right\} \tag{4-5}$$

$$\Delta S_0^1 = e^{-rt}\left\{-\int_{x_1}^{x_2}\int_{-\infty}^{y_2}(V_t^1 - K_{11} - K_2)n(x,y,\rho)dydx - \int_{x_1}^{x_3}\int_{y_2}^{y_3}(V_t^1 + V_t^2 - K_{11} - K_{12})n(x,y,\rho)dydx\right\} \tag{4-6}$$

$$R = e^{-rt}\int_{x_1}^{\infty}\int_{-\infty}^{+\infty}(V_t^1 - K_{11} - K_2)n(x,y,\rho)dydx$$

因为 $\frac{\partial R}{\partial \sigma_2} = 0$①，所以我们重点分析 $\tilde{S}_0^1$ 与 ΔS_0^1 两部分，即 (4-5) 式和 (4-6) 式。由 ΔS_0^1 的表达式可得出当 $\frac{K_2}{V_1} \to 0$ 时，$\Delta S_0^1 \to 0$，$\frac{\partial \Delta S_0^1}{\partial \sigma_2} \to 0$②，即此时 ΔS_0^1 的作用可以忽略。因此本章按 ΔS_0^1 能否被忽略，分两部分进行探讨。

1. ΔS_0^1 可以忽略时的分析

当 $K_2/V_1 \to 0$ 时，$\Delta S_0^1 \to 0$，$\partial \Delta S_0^1/\partial \sigma_2 \to 0$。此时 S_0^1 与 σ_2 有关的部分只有 $\tilde{S}_0^1$，因此我们分析 $\tilde{S}_0^1$ 的解析性质。应该注意的是，$K_2/V_1 \to 0$ 符合我国的现实情况。因为我国目前的次级债占银行资产比例还很小（例如，工行 2010 年发行 220 亿元次级债，子公司发行 5 亿美元次级债，占工行 2010 年总资产约 0.00189。2009 年银行业总资产为 787690.5 亿元，次级债总发行 2681 亿元，占比为 0.0034）。③ 因此我们对此部分进行着重分析。经计算，$\partial \tilde{S}_0^1 / \partial \sigma_2$ 的解析式为：

---

① 因为 R 的表达中不含有 σ_2。

② $K_2/V_1 \to 0$ 时，$x_2 \to x_1$，积分趋于 0，所以 $\Delta S_0^1 \to 0$。$\frac{\partial \Delta S_0^1}{\partial \sigma_2} \to 0$ 的证明见后文分析，当 $\frac{K_2}{V_1}$ 不趋于 0 时，因为正数 M 积分趋于 0，所以 $\frac{\partial \Delta S_0^1}{\partial \sigma_2}$ 趋于 0。

③ 中国工商银行 2010 年年度报告摘要；中国银监会官方网站。

$$V_2\sqrt{t}(n(y_2-\sigma_2\sqrt{t})N(d_2)-n(y_1-\sigma_2\sqrt{t})N(d_1))+\rho V_2\sqrt{t}n(x_1-\rho\sigma_2\sqrt{t})$$
$$[N(d_1^*)-N(d_2^*)]① \qquad (4-7)$$

（4-7）式的经济意义是，当 A 银行持有 B 银行次级债占自身资产比例很低时，B 银行风险 σ_2 对 A 银行股东权益的影响，即 A 对 B 进行的市场约束激励。如果存在市场约束作用，导数值为负，而且负值的绝对值越大意味着约束作用越强。如果导数为正数或者为 0，或者和无相互持有时的负值相比绝对值变小，代表相互持有造成市场约束作用削弱。那么在相互持有的条件下，究竟是何种因素影响市场约束的发挥呢？

（4-7）式中的 $N(x_1)$ 为 $P(V_t^1\leq K_{11})$②，可以近似看作 A 银行的破产概率。因此参数 x_1 可以作为影响 A 银行的风险参数。当 $x_1\geq y_1$ 时，$\dfrac{\partial \tilde{S}_0^1}{\partial \sigma_2}$ 随 ρ 增加而增加③，$\rho\to 1$ 时，$\dfrac{\partial \tilde{S}_0^1}{\partial \sigma_2}\to 0$。④ 说明当 A 银行风险高于 B 银行风险时，即当 A 银行的风险积累到一定程度时，只要 A、B 两家银行的资产正相关，则市场约束作用被将削弱。A、B 两家银行正相关程度越大，市场约束被削弱得越严重。如果完全正相关，则意味着次级债的市场约束作用将不存在。当 $x_1\to -\infty$ 时，$N(x_1)\to 0$，此时 A 银行几乎完全不存在破产风险，资产状况非常安全。依据（4-7）式，可以得出当 $x_1\to -\infty$ 时，由于 $N(d_1)\to 1$，$N(d_2)\to 1$，所以

$$\dfrac{\partial \tilde{S}_0^1}{\partial \sigma_2}\to V_2\sqrt{t}[n(y_2-\sigma_2\sqrt{t})-n(y_1-\sigma_2\sqrt{t})]$$

上式即无互相持有时次级债的风险约束作用（许友传，2008）。这说明只有当 A 银行的资产风险几乎不存在时，相互持有次级债与不相互持有次级债发挥的市场约束作用相同。即只有当 A 银行资产几乎不存在风

---

① $\dfrac{\partial \tilde{S}_0^1}{\partial \sigma_2}$ 详细计算过程见附录。

② 将 V_t^1 的表达式代入 $P(V_t^1\leq K_{11})$ 可得 $P(V_t^1\leq K_{11})=P[\Delta W_t^{1Q}<x_1]=N(x_1)$，同理，有 $P[V_t^1\leq K_{12}]=N(y_1)$。

③ 对 ρ 进行解析式的定性分析会过于复杂，因此本章将在数值模拟中通过直观图进一步说明随 ρ 的增加，该式的数值越大，从而说明正相关性是削弱市场约束的重要原因。

④ 当 $x_1\geq y_1$ 并且 $\rho\to 1$ 时，d_1、d_2、d_1^*、d_2^* 均趋于负无穷，所以 $N(d_1)$、$N(d_2)$、$N(d_1^*)$、$N(d_2^*)$ 均趋于 0，所以 $\dfrac{\partial \tilde{S}_0^1}{\partial \sigma_2}\to 0$。

险的条件下,相互持有次级债的市场约束作用才不会被削弱。但是就现实情况看,商业银行资产存在风险是常态,因此 A 银行风险增加的情况更值得我们关注和探讨。本书通过模型说明了在银行风险累积时,相互持有会对其市场约束功能造成削弱,并且当资产相关程度过高时,其中一方的削弱作用更加严重,甚至约束作用完全消失。

综上所述,相互持有及银行资产的正相关性是削弱次级债市场约束作用的重要原因。

2. ΔS_0^1 不能忽略时的分析

当 $\frac{K_2}{V_1}$ 不趋于 0 时,ΔS_0^1 也不趋于 0,此时 ΔS_0^1 及其对 σ_2 的偏导数不能忽略。$\frac{K_2}{V_1}$ 不趋于 0 的经济含义为 A 银行持有的次级债占其自身资产的一定比例,规模不可忽略。此时 $\tilde{S}_0^1$ 分析和上一部分分析相同,不再赘述。我们主要分析 B 银行风险对 ΔS_0^1 部分的影响。由(4-6)式计算可得:

$$\frac{\partial \Delta S_0^1}{\partial \sigma_2} = e^{-rt}\left\{-\frac{\partial y_2}{\partial \sigma_2}\int_{x_1}^{x_2}(V_t^2 + K_2 - K_{12})n(x,y_2,\rho)dx - \int_{x_1}^{x_2}\int_{y_2}^{y_3}\frac{\partial V_t^2}{\partial \sigma_2}n(x,y,\rho)dydx\right\}$$

$$- e^{-rt}\int_{x_1}^{x_2}\frac{\partial y_3}{\partial \sigma_2}(V_t^1 + V_t^2 - K_{11} - K_{12})n(x,y_3,\rho)dx①$$

其中第二项代入 y_3 值后为 0,这里,令

$$M = e^{-rt}\left\{\frac{1}{\sigma_2}\int_{x_1}^{x_2}(V_t^2 + K_2 - K_{12})n(x,y_2,\rho)dx + \sqrt{t}\int_{x_1}^{x_2}\int_{y_2}^{y_3}V_t^2 n(x,y,\rho)dydx\right\}$$

由于被积函数在积分区间内大于 0,所以显然 $M \geq 0$,此时:

$$-(y_1 - \sigma_2\sqrt{t})M \leq \frac{\partial \Delta S_0^1}{\partial \sigma_2} \leq -(y_2 - \sigma_2\sqrt{t})M$$

结合现实来看,y_1、y_2 几乎必然小于 0。因为 $N(y_1) = P(V_t^2 \leq K_{12})$ 可以近似看作 B 银行的破产概率。当 y_1 为正数时,B 银行破产概率大于 50%。在我国目前的情况下,银行破产概率大于 50% 的银行几乎不存在,所以我们设定 y_1 小于 0,又由于 $y_2 < y_1$,所以 y_2 也小于 0。所以 $\frac{\partial \Delta S_0^1}{\partial \sigma_2} \geq 0$,

---

① 其中,$\frac{\partial y_2}{\partial \sigma_2} = -\frac{1}{\sigma_2}(y_2 - \sigma_2\sqrt{t})$,$\frac{\partial y_3}{\partial \sigma_2} = -\frac{1}{\sigma_2}(y_3 - \sigma_2\sqrt{t})$,$\frac{\partial V_t^2}{\partial \sigma_2} = \sqrt{t}(y - \sigma_2\sqrt{t})V_t^2$。

从而增加了 $\dfrac{\partial S_0^1}{\partial \sigma_2}$ 的数值。此时说明 A 银行对 B 银行的市场约束作用进一步得到削弱。即若相互持有的次级债达到 A 银行自身资产的一定规模，那么相互持有会造成 A 银行对 B 银行的风险约束作用进一步得到削弱。但是如果 A 银行持有的次级债占自身资产很小，甚至是可以忽略的情况下（参见本章第四节的讨论），则削弱程度会小一些。即在相互持有的情况下，如果持有的次级债占自身资产比例过高，则市场约束被削弱得更加严重。

以上分析验证了本章对市场约束减弱因素的假设。即由此数理模型的推导可以得出结论：如果 A 银行和 B 银行的资产相关性较大，那么当 A 银行的风险比较大时，虽然作为 B 银行的次级债投资人但是其对市场约束作用会大为减弱。而且自身风险越大，资产相关度越高，越将削弱其对 B 银行的市场约束作用。从经济意义上描述即为：如果两家商业银行相互持有次级债，而且资产的相关性比较大，例如两家商业银行业务相近，那么当其中一家商业银行出现风险时，其对另一家商业银行的市场约束作用也将大为减弱甚至不存在。本章将依据上述数理模型的分析，对 $\dfrac{\partial S_0^1}{\partial \sigma_2}$ 进行数值模拟，以便得到更加直观的认识。

（三）数值模拟及进一步说明

图 4-15 中的 x 轴代表 σ_2，即 B 的风险；y 轴代表 $\dfrac{\partial S_0^1}{\partial \sigma_2}$，数值模拟的参数为：$K_{11}=K_{12}=90$，$K_2=5$，$r=0.025$，$t=1$，$V_1=100$，$V_2=100$。三条曲线分别为 x_1 的不同取值时（顶端曲线 $\sigma_1=0.20$，中间曲线 $\sigma_1=0.05$）$\dfrac{\partial S_0^1}{\partial \sigma_2}$ 的数值曲线。最底端的曲线是无相互持有时的 $\dfrac{\partial S_0^1}{\partial \sigma_2}$ 曲线。由图 4-15 可见，x_1 取值越小，$\dfrac{\partial S_0^1}{\partial \sigma_2}$ 趋近于 $V_2\sqrt{t}[n(y_2-\sigma_2\sqrt{t})-n(y_1-\sigma_2\sqrt{t})]$（无相互持有时的情况）。随着 A 银行风险的增加（x_1 的增加），$\dfrac{\partial S_0^1}{\partial \sigma_2}$ 的值越来越大，即 σ_2 增大对 S_0^1 的减弱作用越来越小，即 A 银行的资产价值对 B 银行的风险增加敏感度降低，说明市场约束作用被削弱。

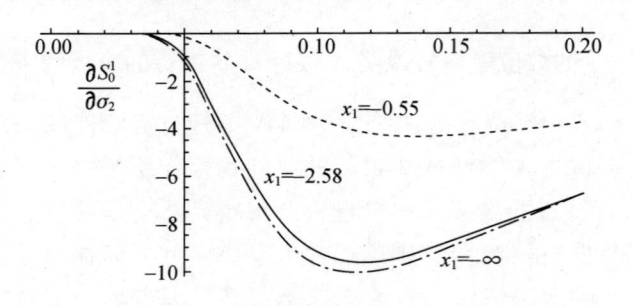

图 4 – 15　持债银行风险对市场约束作用的影响

图 4 – 16 中 x 轴代表 σ_2，y 轴代表 $\dfrac{\partial S_0^1}{\partial \sigma_2}$。数值模拟的参数为：$K_{11}=K_{12}=90$，$K_2=5$，$r=0.025$，$t=1$，$\sigma_1=0.20$，$V_1=80$，$V_2=100$。该图给出了随着 ρ 的变化（A 和 B 的资产相关程度的变化），市场约束作用会受到影响的变化。由图可见，随着 ρ 的增加，$\dfrac{\partial S_0^1}{\partial \sigma_2}$ 不断增加，即随资产相关性的增强市场约束愈发被削弱。当 $\rho=0.8$（趋近于 1）时，$\dfrac{\partial S_0^1}{\partial \sigma_2}$ 接近于 0，表明市场约束作用几乎不存在。

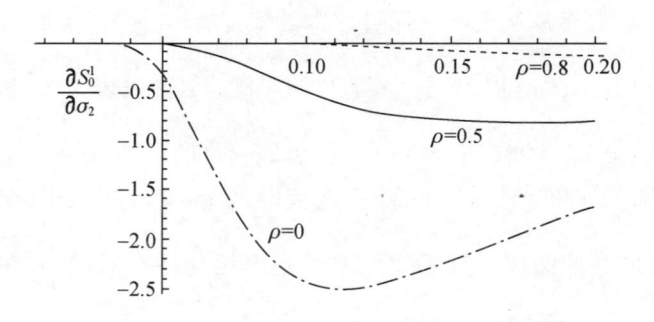

图 4 – 16　相关性对市场约束作用的影响

图 4 – 17 中 x 轴代表 σ_2，横轴上方是两条 $\dfrac{\partial \Delta S_0^1}{\partial \sigma_2}$ 曲线。两组参数分别为 $K_{11}=K_{12}=90$，$V_1=80$，$V_2=100$，$K_2=5$，$r=0.025$，$t=1$，$\sigma_1=0.20$，（最上方的曲线），中间的曲线仅对 $K_{11}=180$，$V_1=160$ 作了变化。该图给出了 A 银行持有不同的次级债规模对市场约束作用的影响，即模型分析

中 ΔS_0^1 的作用。最底端的曲线是 $\frac{\partial \tilde{S}_0^1}{\partial \sigma_2}$，由于 $\frac{K_{11}}{V_1}$ 相同，所以上述两组参数曲线的 $\frac{\partial \tilde{S}_0^1}{\partial \sigma_2}$ 部分重合。图 4-17 旨在说明高级债占资产比相同（$\frac{K_{11}}{V_1}$ 相同）的 A 银行，在不同的 $\frac{K_2}{V_1}$ 情况下对市场约束作用削弱程度的不同（$\frac{\partial \tilde{S}_0^1}{\partial \sigma_2}$ 相同，但是，ΔS_0^1 的作用不同，所以削弱程度不同）。由图可见，随着 $\frac{K_2}{V_1}$ 增加，$\frac{\partial \Delta S_0^1}{\partial \sigma_2}$ 数值增加，说明持有的次级债的规模（相对于自身资产）越大，市场约束作用就会更加被削弱。

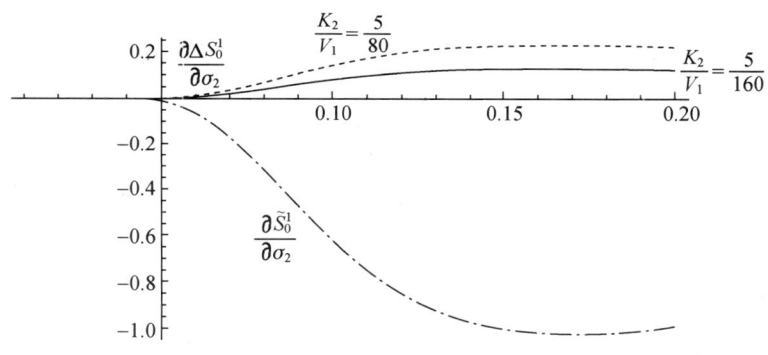

图 4-17 相互持有次级债的规模对市场约束作用的影响

（四）对数理模型的数理意义及经济意义总结

本书论证了相互持有次级债会削弱市场约束作用。用直观图表示数理模型及数值模拟的结论即为：

$$\text{相互持有} \xrightarrow[\text{资产相关性强}]{\text{自身风险增加，相互持有次级债规模过大}} \text{市场约束减弱}$$

即如果 A 银行和 B 银行相互持有次级债，则资产正相关，自身风险累积，持有的次级债占自身规模过大是次级债市场约束作用被削弱的重要原因。从数理角度来看，在相互持有的条件下，次级债的价值相当于在 A 银行破产和不破产两种情况下的期望折现值的和。A 银行股东虽然作为 B 银行次级债的债权人，但并不关心 A 银行未来破产后次级债的可能收益（这部分收益属于 A 银行债权人）。由于资产高度正相关性，被 A 银行股东忽略的那部分收益,可能是次级债收益中对 B 银行风险行为最敏感的部分。而这部分收益被忽略得越多,造成市场约束作用被削弱得越严重。这种情况在 A 银行破产风险相对 B 银行高时尤为明显。实际上,次级债在 B 银行破产时的那部分收益对于 σ_2 的增加最为敏感,而高度相关性导致若 A 银行先于 B 银行破产,致使最敏感的部分收益被 A 银行股东忽略,造成市场约束作用削弱严重。同理,依据数理分析和数值模拟的结果,当 A 银行持有 B 银行次级债占自身比例较高也会导致这种情况。而当 A 银行自身风险很低时,这种对 B 银行风险的敏感性被忽略的会很少。从经济意义角度来看,在资产高度相关的情况下,A 银行风险的增加存在于两种情况:一是事先明确存在高风险,但是为了高收益而承担了高风险;二是没有做好风险控制,误以为不存在高风险,不重视造成高风险的资产情况。无论是哪种情况,只要 A 银行风险高,由于资产高度相关,则 B 银行风险也高。同样是因为资产高度相关,B 银行的高风险也处于上述两种情况。而这两种情况或者与 A 银行高收益同步,或者不被 A 银行所重视。所以资产的相关与 A 银行风险的增加都是相互持有次级债时造成市场约束作用被削弱的重要原因。而如果 A 银行与 B 银行相互持有的次级债占自身资产比例过高,则说明商业银行利用相互持有次级债补充自身资本的倾向明显,更加容易忽略次级债本应具有的市场约束功能。

当 A 银行股东作为 B 银行的次级债债权人却不关心 B 银行的风险时,B 银行的风险就相当于全部转嫁给其高级债持有人,而对于高级债的主体——存款人来说,出于信息成本或对政府隐性担保预期等因素往往很难对 B 银行的高风险行为构成约束,从而加大了商业银行的整体风险。本书认为,相互持有削弱了次级债本应具有的市场约束功能。尤其在资产相关性高的情况下,商业银行互相不关心对方的风险,只是通过相互持有次级债廉价地提高资本充足率。由于提高资本充足率的成本低廉,商业银行不会珍惜来之不易的资本金,致使资本约束和市场约束这两大《巴塞尔协议》监管支柱失灵才是可能导致银行间市场风险增加的本质原因,而不是相关文献普遍认为的相互持有导致流动性危机是加剧系统性风险的原因。

四 结合我国现实的说明

我国商业银行次级债的发展可以用本书数理模型进行分析。首先,在发行次级债的问题上,我国商业银行互相持有次级债是一个事实。因为

2004年左右我国商业银行的资本充足率还很低。但是，按照世界贸易组织的要求，2006年银行业就要对外开放，而且当时一些商业银行要上市融资，提高资本充足率势在必行。依靠股本和利润留存的提高在当时的背景下并不现实。因此，我国商业银行依靠发行次级债提高资本充足率就成为历史的必然。其次，我国商业银行的业务趋同，各商业银行资产的主要盈利点在于贷款。由于我国存贷款基准利率并没有放开，所以商业银行的利率风险也趋于一致。贷款业务投放的区域、行业也具有很大的相似性。图4-18和图4-19分别为三家国有控股商业银行、部分已经上市的全国股份制商业银行的利润曲线图。从两个统计图可以观察到，我国商业银行利润统计图存在很大的趋同性，这和我国商业银行的业务相似性有关。唐双宁（2010）指出：我国商业银行存在战略、产品、机构、服务、收入结构、治理结构、创新等趋同现象。由于我国金融市场还不发达，混业式的金融集团经营还有限，商业银行的投资业务并不发达。出于逐利性和安全性的需要，商业银行往往会追逐利润高、有政府担保的项目贷款。所以，从总体上说，我国银行的资产相关度很高。因此本章的数学模型拟合了我国的现实背景，也即本书依据理论模型阐明了我国商业银行互相持有次级债可以造成市场约束作用的减弱，并分析了其减弱的原因在于我国商业银行的资产相关性较强。一旦相互持有次级债的两家商业银行的其中一家风险过大，往往会更加忽视对方的风险。次级债投资人由于投资周期长、缺乏保障等因素，理应从长期的角度对发债行的资产状况、经营战略、财务状况、盈利能力等做出判断，但是在相互持有的情况下，这些本应具有的监督作用都可能不存在。

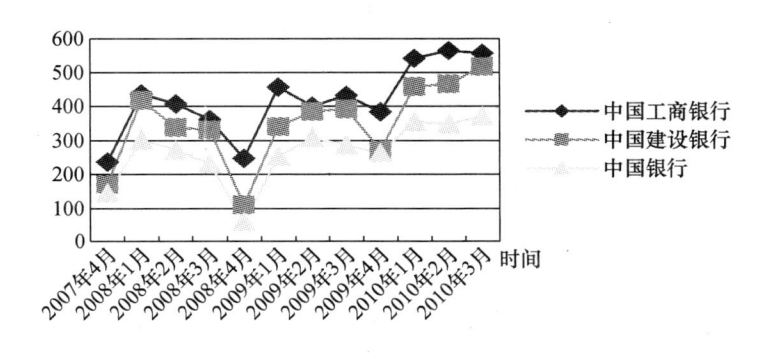

图 4-18 三家国有商业银行的利润曲线

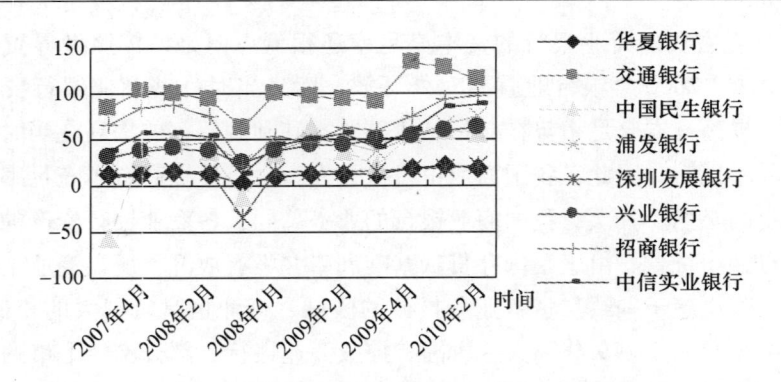

图4-19　全国股份制商业银行的利润曲线

文献述评中已经提到，我国次级债发行量和我国商业银行资金来源相比还很小，因此次级债的相互持有不是因为流动性风险造成了系统性风险。因为即便一家商业银行违约了，持有其次级债的商业银行未必选择违约，因为商业银行也受到信誉成本等因素制约。即便是相互违约，相互持有也只是账面数字而已，相互违约即账面相互抵消而已，再加上量很小，所以不会造成流动性危机。但是相互持有造成商业银行以廉价的成本提高资本充足率（如引言中提到的发行利率低）。而且次级债可以不上缴存款准备金，因此容易造成商业银行不珍惜资本金，致使资本约束也随之减弱。因此，我国的银行相互持有次级债的现实会造成资本约束监管与市场约束监管的双重失效。本书认为，这才是"相互持有"次级债加剧商业银行风险的根本原因。

五　研究意义及建议

《巴塞尔协议Ⅲ》已于2010年9月出台，其以兼顾宏观和微观审慎，重视资本为原则，要求资本充足率从8%提高到10%—10.5%，一级资本提高到6%。这些都表明了巴塞尔委员会对资本质量的重视。资本充足率的提高，意味着商业银行必须更加注意节约使用资本。从我国的现实情况看，由于宏观经济快速发展的背景要求，商业银行贷款又作为主要的融资渠道，致使我国商业银行资产规模增加速度惊人。这些事实说明我国商业银行将面对越来越大的资本约束压力。那么依靠次级债补充资本金依然是我国商业银行当前发展的现实选择。据Wind资讯公布的统计数据，2011年以来商业银行已经完成的次级债发行大约在1020亿元。上半年中国银行320亿元、中国农业银行500亿元刚刚募集完毕，中国建设银行在2011

年6月开始了其800亿元次级债的融资进程。这些事实足以说明,中国银行业的资本已经在相当程度上依赖于次级债的补充。但是,不能因为还要依靠次级债补充资本金就降低对资本质量的重视,即我们必须重视次级债作为附属资本应该发挥的作用。本章的结论表明,为了避免次级债无法发挥其风险约束作用的结果发生,直接的解决办法就是减少相互持有数量。如果说2006年以前留给商业银行改革的时间不多,为迅速提高资本充足率而相互持有次级债是一种无奈的权宜之计,那么在现阶段,我国已有16家商业银行成功上市,在银行业治理和经营利润稳步上升的条件下,逐步减少次级债的相互持有量,增强次级债的市场约束监管作用,降低商业银行的系统性风险已经势在必行。而真正降低银行间风险并且发挥次级债作为附属资本应该发挥的风险约束作用,根本的解决办法有以下几种:

(1) 降低我国商业银行的资产业务的趋同性,进一步削弱商业银行相互持有次级债,而不仅仅在计算资本充足率时扣除相互持有的部分。因为只有减弱资产业务的趋同,才可以避免过强的资产风险相关性,也可以减弱商业银行贷款的顺周期性。积极鼓励我国商业银行开展非利息等多种中间业务。减弱资产的趋同性也可以从贷款的地域、行业等方面入手。针对不同的贷款方向,监管当局针对不同商业银行的不同资产设置不同的计算资本充足率的风险权重,各商业银行会针对本行的资产负债情况进行调整,以形成多样化的商业银行资产的局面。

(2) 如果想真正减少相互持有的现象,则必须加大力度促进投资主体的多元化。[①] 因为投资主体的多元化才可以从根本上避免商业银行相互持有次级债,也可以促进次级债发行时的市场化定价。投资主体的多元化可以加大保险公司、基金公司、社保基金甚至是国外金融机构对我国商业银行发行次级债的投资量。国际活跃银行很多都面向全球投资者发行次级债,因为一旦其出现偿付危机,外围的投资者将率先承受损失,从而将国内系统性风险转向国外(许友传,2011)。但是为了稳健起见,可以设定不同投资主体持有的规模限制。如同股权多元化一样,次级债投资主体的多元化有助于各界对发行次级债的商业银行进行风险监督。特别是机构投资者出于投资安全考虑,往往会重视发债行的信息披露、资产质量、战略

---

① C. Karacadg 等(2000)认为,非银行金融机构的投资者的存在是次级债发挥市场约束作用需要的前提条件之一。

经营、财务状况,从而有利于激励发债行降低风险。

(3) 促进债券市场中次级债的交易。充足的流动性可以真正实现借助市场的力量发现潜在的风险。同时充足的流动性也可以发挥次级债对不同商业银行资产结构的调整作用。促进市场的流动性可以依靠出台相关免税、增加交易途径等鼓励政策实现。

以上措施都是发挥次级债市场约束作用和降低系统性风险的重要途径。通过削弱相互持有,走市场化的道路,可以促进商业银行发行次级债时对自身风险等情况的信息披露,进而使我国次级债真正发挥其应该发挥的市场约束作用。Kwast 等 (1999) 认为,次级债市场约束的发展经过了从 20 世纪 80 年代中期到 90 年代后期的直接约束阶段 (发行之际加大商业银行的融资成本等),到现在的强化间接市场约束 (在次级债二级市场价格和监管当局之间建立联系)。而在我国,这两个阶段的任务实际上都没有完成。因此我们需要在发行与二级市场上流动性两个方面加强次级债的发展。事实上,市场约束在我国金融系统还相当薄弱,存款人由于政府的隐性担保、"大而不倒"的预期、监督成本高以及金融风险意识弱等种种原因没有激励对商业银行风险进行监督。那么在短时期内,提高次级债的市场约束功能就成为我国商业银行市场约束发展的一个重要的现实选择。因为次级债更多地面向机构投资者,机构投资者在金融风险意识等方面一般会强于广大公众存款人。如果次级债的市场约束作用得以发挥,对我国商业银行的监管也将成为有利的事实。因为次级债在流动的过程中,收益率增高等市场现象也会为监管当局提供监管信息,从而有利于形成资本约束、监管当局监管和市场约束三大监管支柱同时发挥作用的局面,这无疑将有助于我国商业银行的健康发展。

本章小结

既有文献多是从次级债对商业银行的直接市场约束和间接市场约束进行实证分析,仅有少量文献在将商业银行资产设为几何布朗运动基础上,从数理推导角度对次级债的市场约束作用进行推理。本章在前人研究的基础上将商业银行资产价值扩展为带有资产跳跃的过程。不仅探讨了次级债的市场约束作用原理,也从数理模型推导了次级债的发行对存款债权的市场约束的影响。而且本章通过数值模拟，就资产跳跃对商业银行存款人的市场约束影响进行了分析，并且就次级债在其中的作用也进行了探讨。通过数理推导及数值模拟可以得出以下结论：在理想情况下，次级债债权和存款债权存在对商业银行风险的市场约束激励的本质属性。即其价值随商业银行风险的增大、资产迅速扩张和缩小而下降。而且次级债债权在一定程度上补偿了存款债权，为其承担了一部分风险和市场约束作用。本章仅用理论模型对次级债可能发生的市场约束进行了分析。至于我国的次级债券究竟是否实现了市场约束作用，本书的观点是即便存在，作用也相当微弱。本书鉴于我国次级债市场交易太不活跃的事实，没有对我国次级债的市场约束作用进行实证分析，而是根据我国的现实情况，用数理模型和数值模拟推导了我国次级债"相互持有"的问题，本书也用严格的数理模型证明"相互持有"必然会削弱次级债本应具有的市场约束作用。说明了相互持有是造成我国次级债没有发挥市场约束的重要原因之一。其次，本书认为，要想发挥次级债券应有的市场约束作用，一定要存在一个活跃的次级债交易市场。即便是存在活跃的交易市场，也依然要注意次级债的相互持有问题，更何况我国的交易并不活跃。因为市场没有交易，何谈约束？因此关于次级债调节商业银行资产负债结构，市场约束等作用恐怕都很难涉及。再加上我国商业银行相互持有的现象，其发行次级债的目的再明确不过，即为了补充资本金。因此即便相应文献实证分析出了市场约束作用的存在，本书也对此表示怀疑，因为样本点实在有限，计量结果会出现偏差。

从本书的分析结果来看，我国急需建立起完备的次级债券交易市场。因为随着我国次级债券发行的增多，监管部门也可以利用次级债来发挥其市场约束作用，协助官方监管。由于次级债还具有补充银行资本金等其他作用，商业银行和监管部门的审批应该兼顾次级债的发行时机，尽量选择商业银行资产稳步上升之时，这样市场能加大对次级债的认可，提高次级债的价值从而促进其顺利发行，充分实现发行次级债、次级债交易过程中本应具有的市场约束作用。我国监管当局还未强制要求商业银行发行次级债，只是对次级债补充资本进行了相关规定，这样的弊端在于容易造成商业银行仅从资本补充的角度考虑次级债的发行。资本金不足的商业银行有更大的激励发行次级债，但是忽视了我国次级债的市场约束功能，所以，建议监管当局考虑强制资本充足的商业银行发行次级债，对资本金不足的商业银行则严格核准其发行要求（许友传，2011）。

第五章 股东的市场约束分析*

第一节 引言

  对于商业银行的股东来说，虽然其在商业银行破产时的清偿权位于最后，因此其可能存在冒风险获取高收益的激励，但是不能否认股东存在出于投资获得收益安全的角度对商业银行进行风险监督的动机。例如，T. G. Moe（2006）认为，当商业银行面临倒闭时，或者说股东容易遭受损失时市场约束会发挥其作用。股东实施市场约束的具体途径为加强持股条件（"用手投票"），或者放弃持股，例如直接转让股权或者在二级市场上抛售个股（"用脚投票"），其中证券市场上的股票交易通常被认为是股东有效的市场约束途径。从而促使商业银行的管理层做出降低其经营风险等选择。例如，Bliss 和 Flannery（2002）对股市的反应是否对商业银行管理层造成决策影响进行研究，发现股票收益的异常变化没有引起管理层的积极决策变化，其认为市场波动没有市场约束行为。本章的研究目的是探求我国商业银行的股东是否对商业银行进行了市场约束。

  改革开放以来，我国先是施行市场经济与计划经济的双轨制，到了20 世纪 90 年代，双轨制转向了以市场价格为主导。但是，对于金融系统的改革，就实际情况来说，国家坚持的依然是类似于双轨制的政策。例如，利率市场只放开了同业拆借利率，银行间债券市场债券的买卖也体现了市场化利率，但是对存贷款基准利率国家始终没有放开行政管制。只是对于贷款利率各商业银行有自主权在基准利率的基础上下浮或上浮。再加

---

  * 本章部分内容发表于《经济理论与经济管理》2011 年第 8 期，题目为《我国上市商业银行盈余管理与市场约束——基于投资收益及风险管理的视角》；人大报刊复印资料《金融与保险》2011 年第 12 期全文转载，有修改。

上我国商业银行四大国有控股银行的总资产占全国商业银行总资产的50%以上，如果算上各商业银行的国有股权，实质上国家对商业银行的控股权达到了90%，因此，出于对政府隐性担保的预期，存款人普遍缺乏银行风险的危机感（正如本书第三章所述）。就我国目前的情况来说，绝大多数存款人并不担心自己的存款安全，即便是19世纪90年代我国四大国有商业银行的不良贷款率超过了20%，已经是"技术性破产"，也没有引起存款人的担忧。再加上利率的管制，存款人既没有动力施行直接的市场约束，也没有办法施行间接的市场约束，即既无"监督"也无"影响"。而我国商业银行发行的次级债，一是基本上都是为了补充资本充足率进行发行；二是又只能在银行间市场交易，商业银行相互持有次级债现象屡见不鲜，从而造成更大的系统性风险，因此在我国存款人和次级债的市场约束很可能并不存在（张正平和何广文，2005；巴曙松等，2010；翟光宇和邓弋威，2011）。本书第三章和第四章也就此问题进行详细讨论。那么就我国目前的情况来看，可能存在市场约束的就是持股人进行的股票交易。我国股市经过20年的发展，已经达到了弱有效（张敏等，2007）。从长期来看，股票的波动和企业的基本面有必然的关系。而且从计量可测、数据可得的角度讲，股东对商业银行的市场约束无疑从股票市场交易出发为最优选择。因此鉴于本书的篇幅和上述事实，本书对股东市场约束研究的角度选择我国已经上市的商业银行的股票交易。如果商业银行风险加大，其股票交易可能会出现波动，而若股票的波动会促进商业银行管理层出于对融资成本等各方考虑对风险进行管理，那么就对商业银行构成了市场约束。

　　基于以上部分的论述以及我国的实际情况，本章将探求以下问题：已经上市的商业银行股票交易是否构成对商业银行的市场约束？因为我国金融市场还不成熟，而且由于对国家隐性担保的预期，我国存款人和次级债的市场约束很可能非常微弱（正如第三章和第四章的论述）。但是，我国的股票市场经过20年的发展，已经初步具备了弱有效。而且股票的一时波动也许会出于各种原因，但是从长期来看，股价的波动还是会源于上市公司的基本面变动。因此本书选择我国已经上市的商业银行股价的非系统性波动作为解释变量，来探求股东的股票交易是否构成了对商业银行的市场约束？如果商业银行的非系统性波动越大，商业银行的风险越低，那么就说明市场约束存在且有效。如果不存在这种负相关性，就说明股东的股票交易对我国商业银行不存在市场约束。本章实证部分将进一步探究我国商业银行界的市场约束是否存在、是否有效,从而为我国进一步加强金融市场化提供事实依据与建议。

第二节 实证分析

一 计量模型的设计

本章计量方程设计如下:

$$risk_{it} = constant + \theta_1 equity_{it} + \theta_2 loan_{it} + \theta_3 cost_{it} + \theta_4 roe_{it} + \theta_5 depositloan_{it} + \theta_6 nonsys_{it} + u_{it}$$

计量方程是检验股东股票市场交易是否对我国上市的商业银行构成了市场约束。一般来说,对商业银行的风险评级通行方法是骆驼评级制度CAMEL法则。即资本状况C、资产质量A、成本管理M、盈利性E、流动性L,这些数据体现了商业银行应对风险的各个侧面。鉴于商业银行公布的财务数据和基于样本的有限,本书选取:股东权益与总资产之比(资本状况)、贷款占总资产之比(资产质量)、存贷比(流动性)、成本收入比(成本管理)和盈利性(ROE)作为控制变量。解释变量选取商业银行股价的非系统性波动。被解释变量为商业银行的风险。商业银行的破产分为三个层次:首先是真正法定意义上的破产银行;其次是通过重组、注资等手段救助的破产银行;最后也就是经济意义或者"技术意义"上的破产,即已经非常危险,但是由于公众预期和政府担保得以继续运行的商业银行。就我国目前的状况来看,虽然海南发展银行曾经关闭并被工行接管,但是并未引起太大的震动。因此就整体而言,我国商业银行可以算作没有真正意义上的破产。关于商业银行风险的度量,学术界有很多探讨,鉴于我国的实际情况(没有真正意义的破产和商业银行的主要风险为信用风险),又限于数据的可得性,因此本书选取:(净利润+贷款损失准备金-不良贷款)/总资产作为商业银行风险的度量。该数值越大,代表商业银行的风险越小;相反,如果该数值越小,代表商业银行的风险越大。具体来说,计量方程中的$risk_{it}$表示商业银行风险的被解释变量;$equity_{it}$表示资本充足情况,为股权与总资产之比;$loan_{it}$表示资产结构,为贷款规模即贷款余额与总资产之比;$cost_{it}$表示商业银行的成本管理情况,为成本收入比。根据银监会要求,该变量为业务管理费用除以营业收入;

roe_{it} 表示股东权益收益率;$depositloan_{it}$ 表示商业银行的流动性情况,选取监管当局要求公布的存贷比;$nonsys_{it}$ 表示该商业银行股票在该季度的非系统性波动。非系统性波动的计算方法基于 CAPM 模型,即用该商业银行的股票该季度的收益率与相应的大盘指数(上证综指、深成指)收益率做回归,取残差的标准差得出。

一般来说,股权资金越充足,商业银行的风险越小,因此 θ_1 的预期符号为负;贷款规模越大,商业银行的风险越大,因此 θ_2 预期符号为正;成本占收入的比例越小,表明商业银行的经营管理越完善,风险越小,因此 θ_3 预期符号为正;净资产收益率越高也表明商业银行经营越完善,风险越低,因此预期 θ_4 的符号为负;流动性越高风险越低,因此预期 θ_5 的符号为负;θ_6 为解释变量非系统性波动的系数。正如在理论部分的论述,股价的短期非系统性波动可能出于各种原因,但是从长期看,非系统性波动往往来自于商业银行的基本面。即如果股价的波动越剧烈,代表市场预期在向商业银行传递信号,即市场约束的"监督"阶段。如果存在市场约束,会促使商业银行降低风险,那么 θ_6 的符号预期显著为负;如果不存在市场约束,即不存在"影响"阶段,那么 θ_6 符号为正,或者不显著。

二 数据的描述性统计

截至 2010 年年底,我国一共有 16 家银行上市,由于实证研究涉及股价,光大银行和农业银行都是 2010 年才上市,时间过短,因此样本中删去这两家商业银行。又由于其他 14 家商业银行上市时间不一致,2007 年 9 月,14 家银行才全部在 A 股上市,而且各商业银行的财务数据公布的最短的时间间隔即为每个季度的季报,因此本章样本时间点取自 2007 年第四季度至 2010 年第三季度。选择季度数据的原因是为了增加样本的时间点。数据来源为各商业银行网站公布的季报。

表 5-1 主要变量的描述性统计

变量	全样本 均值	全样本 标准差	全样本 样本	国有商业银行 均值	国有商业银行 标准差	国有商业银行 样本	股份制商业银行 均值	股份制商业银行 标准差	股份制商业银行 样本
loan	0.526	0.066	168	0.492	0.028	36	0.564	0.053	96
cost	0.337	0.062	168	0.306	0.033	36	0.365	0.0482	96
roe	0.158	0.068	165	0.189	0.054	36	0.163	0.069	93
depositloan	0.690	0.076	168	0.617	0.053	36	0.739	0.052	96
nonsys	0.021	0.005	168	0.021	0.003	36	0.020	0.006	96

表 5-1 给出了全样本、国有商业银行、全国性股份制商业银行的主要变量的描述性统计。由于只有三家城商行上市（北京银行、宁波银行、南京银行）没有普遍意义，因此没有给出城商行的描述性统计。成本收入比 $cost$ 和存贷比 $depositloan$ 两项，国有商业银行也比股份制商业银行表现好，这和国有商业银行资金来源充足有关。贷款与总资产之比 $loan$ 表明股份制商业银行比国有商业银行更加依赖贷款。

三 实证结论

本书运用 Stata10.1 对市场约束进行计量分析。全样本包括上市的 14 家商业银行的估计结果，股份制商业银行包括（交通、华夏、民生、招商、兴业、中信、浦发、深发展）8 家商业银行。没有单独估计国有控股银行和城商行是因为样本容量过小。

尽管 CAMEL 法则刻画了商业银行风险管理的各个侧面，但是，商业银行的风险往往具有一定的不可测性，因此，为了避免遗漏重要解释变量和被解释变量的内生性，本书同时也采用广义矩估计 GMM 动态面板对计量方程进行估计。结果如表 5-2 所示。

表 5-2 报告了 GMM 估计，固定效应和混合效应的估计结果。从表 5-2 的计量结果可以看到，$equity$ 的估计系数均为负且显著，这说明资本充足状况确实和商业银行风险成反比，即资本充足越高，商业银行风险越低。$loan$ 的估计系数均为正，但是只有 GMM 估计结果显著。这从一定程度上说明了，贷款越多，商业银行风险越高。$cost$ 的估计结果均为正，且 GMM 和固定效应结果显著，说明成本升高确实是导致商业银行风险增加的因素。roe 的符号和预期的不一致说明了 roe 的高低与银行风险的大小并没有必然的关系。$depositloan$ 存贷比估计结果为负且两个结果显著，说明流动性越高商业银行风险越低。$nonsys$ 的系数符号为负且 GMM 和 OLS 估计结果显著，说明随着股票交易的非系统性波动加剧，商业银行的风险降低；说明股票交易对我国商业银行的风险管理具有一定的市场约束作用。这个结果给出了本章欲探求的问题，即在我国股东市场约束传导行为是否存在。实证结果说明，股票交易传达了市场对商业银行的反馈信息，商业银行随之进行了降低风险的努力，说明商业银行的股东的市场约束存在。其传导原因可能是，如果股价波动剧烈，大股东会出于自己的利益向商业银行管理层施加影响；或者承销商、管理层出于各种社会影响加强对商业银行自身经营风险的监管。

表 5-2　　　　　　　股价非系统性波动与银行风险的关系

变量	GMM	固定效应	OLS
equity	-0.6315**	-0.0942**	-0.0955**
	(-4.01)	(2.13)	(2.43)
loan	0.0404**	0.0137	0.00339
	(4.32)	(1.10)	(-0.40)
cost	0.0425**	0.0165*	0.0007
	(-3.19)	(1.72)	(0.12)
roe	0.00051	0.0328***	0.0308***
	(0.10)	(5.80)	(5.78)
depositloan	-0.00005**	-0.00488	-0.0194**
	(-5.59)	(-0.42)	(-2.13)
nonsys	-0.7554*	-0.2674	-0.1359**
	(-1.79)	(-1.22)	(-2.01)

说明：***、**、*表示在1%、5%、10%置信水平下显著，括号内为估计量的 *t* 统计量。

1. 本书利用了 *collapse* 选项，对每一个变量的滞后项确定一个工具变量，而不是通常对每一时期每一变量或每一滞后项确定一个工具变量，这样就大大减少了工具变量数。由于本书存在着部分数据缺失，属于非平衡面板，因此使用前向正交离差变换（forward orthogonal deviations）可以最大化参与估计的样本数，从而提高估计系数的有效性（Roodman, 2006）。

2. 系统 GMM 估计是否能够获得一致的估计系数，关键在于有效工具变量的选取以及残差项不存在二阶自相关。因此在 GMM 估计中，我们在系统 GMM 过程中采用 Hansen 检验来判定工具变量的有效性，采用 AR（2）统计值检验原模型的一阶差分后的残差项是否存在二阶自相关。检验结果为 Hansen 的检验 p 值为1，AR（2）的检验 P 值为0.160，说明工具变量有效，不存在二阶自相关。

3. GMM 估计量的一致性是基于大样本性质，较小样本容量或工具变量较弱时，容易产生很大的偏倚。Bond（2002）指出了一个简单的检验方法，即将 GMM 估计值分别与固定效应估计值及混合 OLS 估计值比较，由于混合 OLS 估计通常高估滞后项的系数，而固定效应则一般会低估滞后项的系数，因此如果 GMM 估计值介于二者之间，则 GMM 估计可靠有效。对动态面板模型进行混合 OLS 和固定效应模型估计，得到 g_{-1} 的混合 OLS 估计值为0.423，固定效应模型的估计值为0.271。而 GMM 估计值为0.294，它确实处于其他两个估计值之间。

本章小结

本章从股东进行股票交易的角度，对我国上市商业银行的市场约束进行了分析。本章首先论述了股东市场约束的内涵、意义，接着分析了我国商业银行股东的市场约束存在的途径。实证部分用 GMM 动态面板分析了基于股票交易角度对商业银行风险的市场约束。实证结果显示，股票市场交易的非系统性波动对商业银行的风险管理构成了市场约束。

股票交易构成的市场约束体现了我国商业银行正逐步向市场化迈进。表明我国商业银行的改革，即建立现代企业制度的商业银行已经初见成效。商业银行正逐步摆脱行政管制，开始注重市场竞争。虽然我国商业银行在金融市场还具有很强的垄断地位，但是，本章的结论表明，金融市场化道路并不遥远。利率市场化已经势在必行，商业银行竞争日益激烈，表明国家对金融改革走市场化道路的坚定决心。而股东的市场约束的作用随着金融改革的深化将发挥越来越重要的作用，鉴于以上综述，本书提出以下建议：

一　加强强制信息披露，鼓励自愿信息披露

只有足够的信息披露，股东的市场约束作用才能得到充分发挥。信息披露分为强制信息披露和自愿信息披露。自愿信息披露往往和市场约束相辅相成，但是最初市场约束的前提往往是强制信息披露。因此，应继续扩大和深化强制信息披露的内容。同时发挥第三方的信息披露作用，例如加强审计单位、相关媒体对商业银行的信息披露。鼓励商业银行自愿信息披露。只有加强信息披露，才能促进我国商业银行的良性市场竞争，发挥市场监督的作用，淘汰经营不好的银行，使金融业更好地服务于经济建设。

二　增强市场主体对商业银行风险的敏感度

在推行金融市场化改革的进程中，增强市场主体参与者对商业银行的敏感度，培育市场主体对金融风险意识的成熟，才能真正对各种信息作出有效识别。市场参与主体的反应是市场约束的决定力量。成熟的市场主体越多，市场约束和信号显示越有效，越有助于金融资源的有效配置。

三　继续拓宽金融市场发展，促进金融市场化

在加强金融市场化改革已经成为共识的情况下，我国应该加大力度拓宽金融市场的发展。具体来说，无论是资本市场还是货币市场都应加大发挥其市场的力量。拥有完善的金融市场，才能促进商业银行股东的市场约束的发挥。因为无论是信息的传递，还是市场约束主体对风险的体察，对高风险商业银行采取约束措施，很大程度上都是在金融市场交易中完成的。因此，金融市场的成熟有助于我国商业银行的发展。

第六章　市场约束的条件及博弈[①]

Llenwellyn（2005）认为，商业银行的市场约束可以概括为市场约束主体（利益相关者）与商业银行管理层之间的角力，各主体与商业银行之间进行不同程度的博弈，最终影响商业银行的风险行为，并且最终形成均衡。因此本章探讨市场约束的条件和引致的博弈，如果想建立有效的市场约束，需要哪些外在条件，即市场约束与其外部环境的关系是怎样联系的。如果商业银行利益相关人实施了有效的市场约束，那么商业银行本身除了存在降低风险行动的可能还会进行哪些行动。既往文献往往就市场约束谈市场约束，或者仅鉴于市场约束的重要意义探讨如何有效地进行推广，鲜有文献对市场约束引致的博弈进行分析总结。而从动态宏观的角度来研究市场约束、探求市场约束引致的商业银行的行为博弈，并在此基础上探求如何趋利避害，会使市场约束能更好地发挥市场监督作用。这也是本书的创新之一。同时在我国目前市场约束尚且很弱的情况下，研究市场约束的外部环境，对于如何改进外在条件以促进商业银行走良性的市场化道路具有重要意义。

[①] 本章部分内容发表于《经济理论与经济管理》2011年第8期，题目为《我国上市商业银行盈余管理与市场约束——基于投资收益及风险管理的视角》，人大复印资料《金融与保险》2011年第12期全文转载；《国际金融研究》2011年第10期，题目为《资本充足率高代表资本充足吗？——基于中国上市银行2007—2011年季数据分析》；《经济理论与经济管理》2013年第6期，题目为《存贷比监管指标是否应该放松——基于中国上市银行2007—2012年的季度数据分析》；《经济评论》2014年第2期，题目为《中国上市银行董秘持股降低信息披露质量了吗——基于2007—2012年季度数据的实证分析》；《股市动态分析》2014年第10期，题目为《"11超日债"的思考：市场约束需要完善》。均有修改。

第一节 商业银行的信息披露

一 信息披露与市场约束

本书第二章市场约束的理论综述及文献述评中，已经就商业银行的信息披露与市场约束做了简要的叙述。本节将就这一问题继续进行深入探讨。

商业银行的信息披露是指商业银行将自身的信息向公众、监管部门公开。一般来说，商业银行的信息性质可以分为财务信息和非财务信息。财务信息即一般所熟知的资产负债等情况。例如经常使用的资产负债表、现金流量表、利润表等。而非财务信息，即商业银行的经营管理情况、战略发展以及临时信息等。在已经建立起比较完善的信息披露制度的国家，商业银行一般要披露以下内容：第一层次是基本信息，例如资产负债表、利润表等；第二层次是经营管理情况，例如资产流动性与资本充足性；第三层次是公司治理情况，例如资产的选择与相关风险。信息披露的主体是商业银行，市场约束的主体是存款人等商业银行的利益相关人。市场约束的作用机理在前文已经得到反复论述，即市场约束主体通过对商业银行市场信息的收集，判断其经营风险，从而对风险高的商业银行进行类似于风险溢价的惩罚或者"用脚投票"。那么如果市场约束存在，经营状况良好并且风险稳健的商业银行有对外进行自身信息披露的动机。这也和激励相容理论中当逆向选择存在时，解决的途径之一为信号显示有一定程度内的相似之处。同时，作为监管部门来说，为了维护金融系统的稳定，必然强制要求商业银行进行信息披露，而这些信息披露又在一定程度内促进了市场约束行为，因此可以说信息披露与市场约束是不可分割的两个整体。可以说信息披露既是市场约束的条件，又是市场约束引致的博弈。

实施商业银行的信息披露制度，早已成为世界各国的共识。一个国家银行系统披露的信息质量，对于一个国家的金融稳定性以及市场约束作用的发挥起着至关重要的作用。因为市场约束不仅可以起到减弱商业银行的风险作用，也有提高金融效率的作用。因为信息披露是商业银行根据自身经营情况对外界做的信息报告，如果资本市场发达，就更有利于这种信息传递的速度。所以信息披露可以从这两个方面（降低风险和提高效率）

促进市场约束作用。若希望市场约束发挥更大的作用,发展信息披露是一条有效的路径。

信息披露应注意其信息的有效性、可靠性、真实性,并且本着公开、公平、公正的原则进行,否则容易误导市场主体,引发"羊群效应"。[①] 为了使信息披露真正地发挥促进市场约束的作用,有时就需要监管当局运用监管权力进行强制执行。这是下一部分将论述的内容。

二 强制信息披露与自愿信息披露

如果按照商业银行进行信息披露的动机可以把信息披露分为两类:一是官方监管要求的,有时也被称为最低信息披露标准,即商业银行必须进行的信息披露,这种信息披露是强制性的;二是商业银行在强制信息披露的基础上进行的自愿信息披露。

强制信息披露的优势在于:以法律法规的形式规定必须披露的信息量,保证了商业银行信息的公开化、公平化、公正化。对商业银行造成了在其经营过程中追逐高风险、高收益的一定的成本压力,在一定程度上降低了银行业的系统性风险。而且强制披露往往会制定统一的披露标准,有利于包括市场约束主体在内的信息使用者对各商业银行进行比较,因此强制信息披露偏重于市场约束的条件。

自愿信息披露的理论基础是信号显示理论。即使官方监管没有强制要求商业银行进行信息披露,商业银行也有动机进行自愿信息披露。因为商业银行经营的虽然是货币这种特殊商品,但是其也具有稀缺性的属性,所以商业银行也会对稀缺的资本形成竞争。那么经营业绩良好的商业银行就会有动机进行信息披露,从而有助于消除投资者及潜在债权人对其未来风险的不确定性的担忧。经营业绩良好的商业银行通过自愿信息披露,显示其强大的实力,市场选择的结果会有助于降低其筹资成本。即借助市场约束之力,实现自身更大的发展。因此自愿信息披露偏重于市场约束引发的商业银行对此进行的博弈。但是,对于自愿披露来说,商业银行自身也存在一定的成本压力。就直接成本来说,信息的收集、发布、财务报告的审计费用等都构成了自愿信息披露的成本。而就间接成本来说,诸如公司治理或经营战略等信息的公布,也许会给竞争对手造成一定的业务经营的参

[①] 刘明康曾经指出:美国次贷危机爆发的原因之一在于金融市场的信息披露得不完全。例如投资者只凭评级公司的评级来进行投资风险选择。而评级公司并没有扮演独立的角色,出现了问题。刘明康:《在南开大学公司治理国际研讨会讲话》,2007年。

考，从而对自身的未来带来不利影响和竞争压力的增加。就社会效益综合来看，自愿信息披露有一点值得注意，即商业银行披露的往往是对自身有利的信息，这种信息很可能是不完全的，因此需要强制信息披露作为自愿信息披露的补充。

三 《巴塞尔协议》与信息披露

巴塞尔银行监管委员会对于商业银行的信息披露给予了很高的重视。如1997年9月发布的《有效银行监管核心原则》；1998年9月发布的《增强银行透明度》；1999年10月发布的《银行和证券公司交易和衍生产品业务公开信息披露建议》；2000年9月发布的《信用风险披露的最佳做法》；2001年1月发布的《新巴塞尔资本协议》（《巴塞尔资本协议Ⅱ》）；2006年10月发布的《加强银行公司治理》等一系列文件都表明了，增强商业银行业的透明度即加强信息披露是巴塞尔委员会对商业银行监管关注的焦点之一。在《新巴塞尔资本协议》中，巴塞尔委员会提出了银行监管的"三大支柱"：最低资本充足率、官方监管和市场约束。巴塞尔委员会明确指出：市场约束作用的发挥，要依赖于银行业信息披露的建立，而且信息披露的内容应包括资本、财务、风险、会计政策等内容。在《增强银行透明度》中，巴塞尔委员会认为，信息披露可以起到促进商业银行之间的竞争，提高资本的运用效率，降低经营者的道德风险等作用。巴塞尔委员会重视信息披露，其根本目的是加强市场约束的有效性，保护商业银行存款人、债券持有人等市场约束主体的权益，从而促进商业银行业的稳定发展。

四 我国商业银行信息披露现状及发展概述

我国商业银行的信息披露也在逐渐发展中。我国商业银行现代意义上的首次信息披露应该源于深圳发展银行的上市。深圳发展银行于1988年向公众公布了第一份年报，内容涉及其资产负债表、利润表、经营情况等。2000年证监会要求上市的商业银行必须披露包括信用风险、汇率风险、流动性风险、利率风险等风险。2002年5月21日，我国监管当局发布了《商业银行信息披露暂行办法》。这是我国银行业信息披露发展中的重要一步，表明我国银行业监管已经开始关注并重视信息披露制度。

就目前的状况来看，可以说我国商业银行信息披露的情况与金融业发达的国家相比还有很大的差距，造成这种情况的原因是多样的。首先是我国商业银行的改革时间还不长，国有商业银行过去承担了过多的政策性贷款的负担，直接导致其不良贷款率高、资本充足率不足，这在一定程度上助推了无法向公众公布的事实。其次是资本市场不发达，投资者和监管部门都漠视对商业银行信息披露的要求，也在一定程度上默许了其信息不披露。再者是我国商业银行现有产权关系直接导致商业银行的经营者缺乏信息披露的激励。国有商业银行的控股股东为国家，易造成市场主体缺位，而经营者会根据自己的利益操纵信息披露。最后是我国一直以来的隐性担保政策，使包括市场约束主体在内的公众缺乏对商业银行的风险意识，漠视商业银行的信息披露。

但是，商业银行的信息披露是关系我国商业银行能否走向国际化的重要标准之一。能够完善信息披露制度也是关系我国金融体系建设的重要组成部分。完善信息披露制度可以提高我国商业银行的整体素质，提高其经营水平并降低整体行业风险。随着信息披露制度的完善，我国公众对金融风险的了解也会加深，提高其金融素质，使得市场约束能力得到相应的加强。

如果说以前还存在商业银行经营实质情况不好而不能向社会公布的担心，那么现在这种担心不免显得多余。我国现在已经有16家商业银行上市了，几家商业银行还在香港交易所同时上市，可以说这16家商业银行的经营业绩已经得到了市场的一定程度的认可。而且这16家商业银行已经占据了我国银行业资产的大部分，因此完全可以在此基础上实施完善的信息披露制度。随着我国金融业的逐步开放，外国资本的进入，我国商业银行的走出去战略更需要完善的信息披露制度。相反，在这种情况下如果不实施完善的信息披露制度，会令投资者心生疑惑。越是不公布，越会使投资者失去信心，最终不利于银行业的整体发展。如果信息披露势在必行，那么商业银行一定会注意加强自身经营建设，降低经营风险，至此市场约束作用得到加强，形成良性循环，最终会促进我国银行业的整体发展。

可喜的是，我国商业银行的信息披露制度已经取得很大的进步。如上市的16家商业银行都做到了按季度披露主要经营数据。年度报告的披露可以做到半年一次。但是为了进一步完善信息披露制度，我国还需要提高信息披露的质量，注意与国际会计准则接轨，而且不仅要满足于真实性和及时性，还要鼓励商业银行进行自愿信息披露，真正做到信息披露有利于股东及市场约束主体的权益。在信息披露的内容上还应该增加广度和深度。不仅包括资产质量、资本充足性等必需的内容，还应包括会计准则、股权的投票权、董事会以及激励结构相关环境背景等内容。除了在官方网站等媒体披露信息外，自愿信息披露也可重视微博等新兴传播渠道，同时应大力发展行业自律。我国现在的银行业协会（China Banking Association，CBA）于 2000 年 5 月成立。2003 年银监会成立后，中国银行业主管单位由中国人民银行变更为中国银监会，因此我国的银行业协会实质上还是官方监管。这更要求加强行业自律的独立性，真正做到行业内相互监督，而不要充当官方监管的执行者，同时加强审计部门的独立性。由于审计部门和商业银行存在利益关系，为了防止其出现利益输送，应加大会计造假的惩罚措施，必要的时候，可以考虑两家以上的审计部门对同一家商业银行进行审计。除此之外，我国银行业的信用评级迄今没有达到令公众信服的程度。应大力发展中介机构的评级，从第三方的角度对信息披露进行监督，保证信息的真实性和有效性。

五 我国银行董事会秘书持股与信息披露质量

（一）银行董事会秘书持股的概述

商业银行的信息披露是指商业银行依法或自愿将反映其经营业绩、财务状况、风险状况、长期战略、风险暴露、风险管理、会计政策、经营业务、经营管理和公司治理的基本信息真实、准确、及时、完整地向投资者及其他相关利益人予以公开的过程。董事会秘书作为公司的高级管理人员，主要负责公司信息的对外披露，是公司与外界沟通的重要桥梁，因此董事会秘书信息披露的职责日益受到各方的关注。传统观点基于理性人假设认为，公司董事会秘书持股会形成内部人控制，不利于公司对外的信息披露（Burgstahler and Dichev，1997；Healy and Wahlen，1999；周开国等，2011）。因为董事会秘书持股相当于将自己的利益与公司的股价直接绑定，所以出于保护自身资产的考虑，董事会秘书往往会选择向外界披露有利于公司股价的信息，隐藏不利的信息，这样就会造成公司对外信息披露质量的下降，从而不利于资本市场的整体发展。但是决定微观主体行为选择的因素通常存在多样性，尤其我国尚处于资本市场不断发展和完善的过程中，所以董事会秘书行为选择是否会遵循传统观点有待商榷。我国 2006 年公布的新《公司法》要求上市公司必须设立董事会秘书，同时认定董事会秘书为公司的高级管理人员，从而以法律形式肯定了董事会秘书一职的重要性。那么在董事会秘书制度实施七年后，公司对外的信息披露质量是否得到了提高呢？董事会秘书持股是否会遵循传统观点降低信息披露质量的推理呢？在对上市公司信息披露的研究中，金融行业往往具有重要的研究价值。因为金融行业的特殊性决定了其对信息披露的敏感性。各国也是基于此对金融行业的信息披露设立了更加严格的标准。而且商业银行作为中国金融行业资产规模最大的群体，对其信息披露质量的研究具有重要的现实意义。

本书选择 2007—2012 年股票市场日数据与经过整理的董事会秘书个人资料的季度数据对中国上市的商业银行董事会秘书持股与银行信息披露情况进行实证分析，结论表明新《公司法》实施后，中国上市的商业银行信息披露质量并没有得到逐年提高。但是董事会秘书持股并没有遵循传统观点——会造成信息披露质量下降，相反却提高了信息披露质量。本书的研究结论具有两方面的意义：一方面，突破了以往对董事会秘书持股必然造成信息披露质量下降的假设，具有一定的理论意义。另一方面，相关文献少有对中国商业银行董事会秘书持股与商业银行信息披露情况进行实证分析。本章的实证研究结论表明中国上市银行董事会秘书持股具有其特殊性，这对中国商业银行信息披露监管未来的设计及董事会秘书持股、独立董事设立等公司治理研究都具有重要的现实意义。

（二）文献综述

相关文献对信息披露的研究大致分为三类。第一类是研究信息披露对金融市场的影响，即将信息披露看成外生变量，研究金融市场相关主体对信息披露的反应，包括投资者与内部人对股票交易的变化等。例如蔡宁（2012）实证研究证实大股东具有择时优势，倾向选择好消息公布后与坏消息公布前减持股份；王玉涛和王彦超（2012）实证发现发布定量业绩预告的公司信息公布得越精确，跟踪的分析师越多，从而对股市造成影响越大；罗玫和宋云玲（2012）实证分析认为，我国资本市场投资人更相信会计年度结束后发布的业绩预告。第二类是将信息披露看成内生变量，基于公司决策研究信息披露，从信息供给的角度研究公司高管决定信息披露的动机，即何种因素会影响公司的信息披露。例如相关文献认为独立董事占董事会比例越高，越有利于信息披露（Forker，1992；Chen and Charles，2000；Klein，2002；Davidson，2005；胡奕明和唐松莲，2008）。Leuz 等（2003）认为，盈余管理是管理层操纵公司业绩的重要手段；Jin 和 Myers（2006）认为，公司财务的透明度可以降低企业内部管理者利用信息不对称掩盖公司层面股票价格信息的可能性；郭娜和祁怀锦（2010）发现披露业绩预告的公司盈余管理程度比不披露业绩预告的公司高；陆瑶和沈小力（2011）认为，公司的盈余管理水平与股价中公司层面信息的含量显著负相关。在大股东是否会利用其地位隐瞒向散户（小股东）信息披露方面，姜涛和王怀明（2011）认为，大股东与小股东既存在"利益协同效应"也存在"壕沟防御效应"。前者指大股东与小股东利益趋于一致的效应，后者指大股东侵占小股东利益等效应。而我国上市公司大股东侵蚀小股东利益一般倾向于采用更直接的方式，如资金占用、关联交易等。隐藏信息这种间接方式是否被采用有待商榷，而且我国上市公司大股东多数为国有性质，关注其政治形象，良好的信息披露有助于塑造其大众形象。高雷和高田（2010）的研究也验证了第一股东持股比例高有助于减少代理成本。在公司高管与信息披露质量的研究中，多数文献（高雷和宋顺林，2007；张振新等，2011；张程睿，2010；张宗新和朱伟骅，2007）认为，公司高管持股有助于减少股东与高层管理人员的代理成本，故有利于信息披露。该结论间接地支持董事会秘书持股有利于信息披露的传统结论，因为董事会秘书也属于公司高层管理人员。但是，由于我国2006 年新《公司法》才规定设立董事会秘书一职，上述文献均未对董事会秘书持股情况及董事会秘书个体特征与信息披露质量关系进行研究。众所周知，董事会秘书的主要职责之一即负责信息披露，而且信息披露的对象不仅仅是公司股东，尚有资本市场的潜在投资者，因此，专门针对董事会秘书与信息披露关系进行研究具有重要的现实意义。

文献中专门针对商业银行的信息披露研究主要集中于第一类且以研究信息披露与市场约束、监管当局监管的关系较为常见。例如 Cordella 和 Yeyati（1998）研究商业银行信息披露与金融监管及市场约束的关系：如果信息披露得完全，即市场约束的主体可以顺利辨别商业银行的风险，就可以保证市场约束主体有机会对风险高的商业银行施行高利率的惩罚。在国内文献方面，陆磊（1998）也认为，商业银行信息披露有助于提高监管当局监管效率与社会福利。李杰（2008）认为，信息披露并不是越多越好，其存在一个最优的情况。因为信息披露对商业银行存在发布成本，例如业务细则公开有时相当于商业机密被公开，存在被同业竞争者超越的可能。影响信息披露有效性的因素包括同业竞争的强度、投资者的成熟度等。朱敏（2003）认为，信息披露虽然可以促进市场约束但是并不能代替官方监管，充分的信息披露有助于减少商业银行经营不善导致的损失。

综上所述，少有文献对董事会秘书与信息披露进行实证分析。国内文献中周开国等（2011）开创了相关研究的先河。作者通过实证研究得出，2006年新《公司法》实施后，上市公司的信息披露得到了提高，董事会秘书持股降低信息披露质量等相关结论。但是该文的研究对象为各行业的上市公司，采用的是横截面数据，即研究2006年新《公司法》实施前后120天内，沪深300指数成分股的信息披露质量是否得到改善。本书的研究将专门针对商业银行展开，采用面板数据研究2007—2012年上市的商业银行信息披露的情况是否随着时间的推移、资本市场的逐渐发展而得到了相应提高。金融行业的特殊性表现之一，在于其对信息的敏感性。上市银行作为我国金融行业的佼佼者，本书对其董事会秘书持股是否会造成信息披露质量下降，以及董事会秘书的哪些个体特征会影响商业银行信息披露等问题进行研究，以填补国内相关文献的空白。

（三）研究思路与实证设计

本节的研究目的是分析中国商业银行董事会秘书持股是否会影响银行的信息披露质量，因此首先需要衡量中国上市商业银行对市场的信息披露情况。本节按照以下逻辑顺序进行研究：第一，中国上市商业银行信息披露质量的发展如何，是否会随着资本市场的发展而逐年提高？第二，董事会秘书持股是否会降低商业银行的信息披露质量？因为董事会秘书持股对信息披露影响的实证分析依赖于第一个问题的实证结果，因此本节按照此逻辑思路进行实证分析设计。

1. 中国上市商业银行信息披露质量的分析

对信息披露研究的相关文献大多选择信息披露指数等相关数据进行实证分析，但是信息披露指数多是年度静态数据，无法更加动态地显示信息披露的变化过程，而且无法衡量信息披露是否及时等结果。特别是本节的研究对象为中国上市的商业银行这一特殊群体。很多银行为2007年以后上市，如果采用年度信息披露指数则时间序列样本点过少，因此本节采用一种更加市场化的实证分析方法——KV值度量法（Kim and Verrecchia, 2001; Ascioglu等, 2005; 周开国等, 2011）。KV值度量法基本原理为如果上市公司信息披露质量高，则投资者的股票收益率对其股票交易量依赖性较弱；如果上市公司信息披露质量差，则投资者无法借助信息披露对上市公司投资价值进行判断，从而对其股票交易量依赖性较强。KV值度量法的优势在于其动态地将信息的自愿披露与强制披露结合在一起综合分析（周开国等，2011）。其不具体统计信息披露内容，而是充分利用市场股票数据进行分析，利用市场对公司信息披露综合评价进行分析，将公司信息披露的有效性综合地融合进市场反应中，避免了信息披露指数统计指标的遗漏，是一个能够全面度量上市公司信息披露质量的变量。KV值计算方法的具体思路为（6-1）式：

$$\ln\left|\frac{P_t - P_{t-1}}{P_{t-1}}\right| = \alpha + \beta(vol_t - vol_0) + \varepsilon_t \qquad (6-1)$$

式中，P_t代表该公司股票第t天的价格，vol_t代表第t天该公司股票的交易量，vol_0代表研究选择的时间段内该公司股票交易量的平均值，β代表OLS回归系数，即为KV值度量法的基本取值，即研究股票收益率与股票交易量的相关性。如果β值低则说明股票收益率与股票交易量变化相关性较弱，即股票投资的选择对股票交易量依赖性较弱，说明公司信息披露质量较好。如果β值高则说明股票收益率与股票交易量变化相关性较强，即股票投资的选择对股票交易量依赖性较强，说明公司信息披露质量较差。但是本节认为该方法存在一个问题，即β值衡量的是股票收益率与成交量绝对值变化的相关关系，如果两家公司可供市场交易的股票数量差异很大，则容易造成统计比较的误导。例如，如果两家商业银行信息披露程度相似，但是其中一家是大盘股，另一家是小盘股，市场供给量有限，这样容易造成交易量绝对值变化差异很大，回归系数对信息披露质量的说明程度会因此降低。所以本节认为应对原始的KV值度量法进行改进，不用绝对变化而用股票收益率与该股票交易量的相对变化回归，即股票收益率与股票交易量变化率回归，从而规避统计上的不一致性。改进的KV值计算方式如（6-2）式所示。但是出于尊重文献方法和分析问题多角度的目的，本节将利用以上两种方法计算β值，以求获得全面、客观的计量结果。

$$\ln\left|\frac{P_t - P_{t-1}}{P_{t-1}}\right| = \alpha + \beta\left(\frac{vol_t - vol_0}{vol_0}\right) + \varepsilon_t \qquad (6-2)$$

本节将对14家上市的商业银行[①]的2007—2012年的股票收益率和交

[①] 由于光大银行与农业银行上市时间较晚，造成时间序列较短，因此在商业银行样本中没有考虑，一共选取14家上市的商业银行。

易量进行计量实证分析,再选取每个季度作为一个时间段进行回归。P_t 选取第 t 天的收盘价①,vol_t 选取第 t 天该商业银行股票的交易量,vol_0 为该季度内该商业银行股票交易量的平均值。数据来源为 Wind 数据库,计量软件为 Stata10.1。

2. 董事会秘书持股是否降低了商业银行的信息披露质量

本节将根据第一部分计算得出的 22 个季度②的两组 KV 值(文献原始方法及经过本书改进的方法),再结合董事会秘书的资料进行面板数据实证分析。本节根据 14 家上市商业银行公布的季度财务报告对 2007—2012 年的董事会秘书个人资料进行整理,总结出董事会秘书的以下特征作为解释变量,并设立计量方程如式(6-3)所示。③

$$\begin{aligned} KV_{it} = & \, cons + \alpha_1 sharehold_{it} + \alpha_2 dual_{it} + \alpha_3 age_{it} + \alpha_4 serving_{it} + \alpha_5 edu_{it} \\ & + \alpha_6 wage_{it} + \beta_1 indepdir_{it} + \beta_2 size_{it} + \beta_3 audit_{it} + \beta_4 top_{it} \\ & + \beta_5 stateown_{it} + \beta_6 exchage_{it} + \beta_7 capital_{it} + \beta_8 profit_{it} \\ & + \beta_9 cost_{it} + \beta_{10} liquidity_{it} + \beta_{11} nonperform_{it} + \varepsilon_{it} \end{aligned} \quad (6-3)$$

(1)是否持股(sharehold):如果董事会秘书持股或存在股权激励,④ 虚拟变量取 1,否则取 0。如果回归后该变量的系数为正,则说明变量随着 KV 值的增加而增加。而 KV 值越高代表信息披露质量越差,所以若回归系数为正,说明董事会秘书持股降低了商业银行信息披露质量。如果回归后系数不显著,则不能说明董事会秘书持股降低了商业银行信息披露质量,若为负则说明董事会秘书持股提高了商业银行的信息披露质量。

(2)是否兼任(dual):是否兼任指董事会秘书是否还兼任商业银行的其他高层管理职务,若兼任则虚拟变量取 1,否则取 0。一般认为独立的董事会秘书更容易客观地披露公司信息,而兼任的董事会秘书则容易陷入利益关联,形成管理人员的"内部人控制",加剧代理成本,从而降低信息披露质量。

(3)年龄(age)及任职时间(serving):年龄取自各董事会秘书的自

---

① 因为 $P_t - P_{t-1} = 0$ 时等式没有意义,因此剔除相关股票因停牌或者收盘价不变的交易日样本。
② 2007 年第一季度至 2012 年第二季度,共 22 个季度。
③ 原设计还包括性别及任职前经验(即担任过银行其他中层以上职位)两个解释变量,经整理发现 14 家银行 22 个季度的董事会秘书全为男性,几乎全部有任职前经验,因此去掉两个解释变量。
④ 只有招商银行存在对董事会秘书的股权激励。

然年龄，任职时间取担任董事会秘书的时间，单位均为年。一般认为年龄及任职时间越长，越有利于积累工作经验，从而有利于提高信息披露质量。

（4）教育水平（edu）：本书经整理资料发现，商业银行董事会秘书多数具有较高学历。因此本书设博士及博士以上学历的董事会秘书虚拟变量为1，其他为0。探讨分析教育水平是否会对信息披露质量造成影响，拥有更多金融知识的高学历的董事会秘书是否会提高信息披露质量。

（5）薪水（wage）：因为无法找到各个季度各董事会秘书的薪资情况，故将年度报告中各董事会秘书的年薪取季度平均值来作为各个季度薪资的替代变量。该变量用来分析薪资情况是否会激励董事会秘书辛勤工作从而影响信息披露质量。

由于本节研究商业银行董事会秘书与信息披露情况，研究内容涉及商业银行的股票收益率等资本市场表现，因此有必要设立关于商业银行基本面的控制变量。一般认为，商业银行自身的运营情况会影响商业银行的自愿披露情况。例如具有利润率高、资本更加充足、不良贷款率低、成本占收入低、盈利能力强、流动性良好等特征的商业银行更愿意向市场传递这些信息，因此这些银行的信息披露质量可能较高。本节采用常用的CAMEL骆驼评级法来衡量各商业银行的经营情况（巴曙松等，2010）。C代表商业银行的资本情况，本书取商业银行的资本充足率（capital）。A代表资产情况，本书取不良贷款率（nonperform）衡量商业银行的资产状况。M代表成本，本书取成本收入比（cost）来衡量。E代表盈利情况，本书取税前利润与总资产（profit）进行分析。L代表流动性，本书取流动性资产比例（liquidity）进行分析。

除此之外，为了更好地分析商业银行信息披露，本书选取独立董事比例（indepdir），即独立董事人数占董事会人数之比、规模占比（size）、第一股东持股比例（fir）、会计师事务所类型（audit）、国有银行属性（stateown）、是否发行H股（exchage）这六个控制变量。因为独立董事的职责之一即通过其独立性以保护中小股东的利益，而保护中小股东利益的途径之一即为监督信息披露的质量。如文献综述所述，如果我国上市银行的独立董事发挥了其作用，那么独立董事比例越高，越应该有利于信息披露质量的提高，即该变量应与KV值负相关。规模占比为该商业银行该季度的总资产占银行业总资产的比例，该变量分析商业银行规模大小是否会对信息披露质量造成影响。我国商业银行资产业务具有趋同性，而且依赖存贷款数量,因此规模大的商业银行更具有市场支配能力,拥有较强的盈利能力而且不过分担心行业竞争,有可能更倾向信息披露从而造成披露质量高。第一股东持股比例(top)为商业银行的持股数量最多的股东所持股票数量占该商业银行总股份的比例。如前文文献综述,本书推理上市商业银行信息披露质量与第一股东持股比例成正比。通常认为会计师事务所对商业银行的财务进行审计,出具的财务报告等信息披露起到客观、公正的影响,因此事务所的实力与经验对信息披露起到正面影响(洪金明等,2011)。本书设聘请四大会计师事务所(毕马威、普华永道、德勤和安永)的商业银行虚拟变量为1,其他为0。国有商业银行出于政府公信等方面约束,会更加注意信息披露质量(张程睿,2010)。本书取国有商业银行虚拟变量为1,其他银行为0,分析国有属性是否影响商业银行的信息披露质量。在香港上市发行H股的商业银行受到成熟资本市场更加严厉的信息披露要求约束,本书取发行H股的商业银行虚拟变量为1,其他商业银行为0,分析在香港上市的商业银行是否比其他商业银行信息披露质量高。

本书运用面板数据对计量方程(6-3)式进行固定效应及随机效应分析。周开国等(2011)认为,KV值度量法可能具有时间上的顺延性,即本期收益率依赖交易量会延续到下一阶段。因此,为了考虑KV值的顺延性,本书将运用动态面板进行分析,即在解释变量中增加KV上一期的数值。综上所述,本节重点实证分析以下两个模型:

$$
\begin{aligned}
KV_{kit} = cons &+ \alpha_1 sharehold_{it} + \alpha_2 dual_{it} + \alpha_3 age_{it} + \alpha_4 serving_{it} + \alpha_5 edu_{it} \\
&+ \alpha_6 wage_{it} + \beta_1 indepdir_{it} + \beta_2 size_{it} + \beta_3 audit_{it} + \beta_4 top_{it} \\
&+ \beta_5 stateown_{it} + \beta_6 exchage_{it} + \beta_7 capital_{it} + \beta_8 profit_{it} \\
&+ \beta_9 cost_{it} + \beta_{10} liquidity_{it} + \beta_{11} nonperform_{it} + \varepsilon_{it}
\end{aligned} \quad (6-4)
$$

($k=1,2$)

$$
\begin{aligned}
KV_{kit} = cons &+ \alpha_1 sharehold_{it} + \alpha_2 dual_{it} + \alpha_3 age_{it} + \alpha_4 serving_{it} + \alpha_5 edu_{it} \\
&+ \alpha_6 wage_{it} + \beta_1 indepdir_{it} + \beta_2 size_{it} + \beta_3 audit_{it} + \beta_4 top_{it} \\
&+ \beta_5 stateown_{it} + \beta_6 exchage_{it} + \beta_7 capital_{it} + \beta_8 profit_{it} \\
&+ \beta_9 cost_{it} + \beta_{10} liquidity_{it} + \beta_{11} nonperform_{it} + KV_{kit}(-1) + \varepsilon_{it}
\end{aligned} \quad (6-5)
$$

($k=1,2$)

(四)实证结果分析

1. 中国上市商业银行信息披露质量的分析

根据对(6-1)式、(6-2)式的回归结果,本书取KV_1为(6-1)

式的 β 值乘以 10^8、KV_2 为（6-2）式的 β 值。这样本书得到了 14 家银行从 2007 年第一季度到 2012 年第二季度的 KV 值，如图 6-1 和图 6-2 所示。① 从图 6-1 和图 6-2 中我们可以清楚地发现 14 家商业银行无论是原始文献的 KV 值法得到的 KV_1，还是经过改进的回归系数 KV_2，随着时间的推进都呈现出水平波动的趋势。这说明我国上市的商业银行信息披露质量并没有随着资本市场的发展而得到逐步的提高。为了进一步观察 KV 值的变化趋势及比较分析，本书分别对全体样本、三家城市商业银行、国有商业银行和股份制商业银行的 KV 值取均值，并进行比较如图 6-3 和图 6-4 所示。从图 6-3 及图 6-4 中我们可以发现，城市商业银行、国有银行及股份制商业银行的 KV 均值同样具有水平波动现象，再次证明了我国上市的商业银行信息披露质量并没有随着时间的发展而得到有效的提高。除此之外，我们还可以发现，城商行、国有银行及股份制商业银行的 KV 均值还具有很强的趋同性。这也从一个侧面体现出由于我国商业银行资产业务等方面的趋同性（翟光宇等，2011，2012）造成市场对信息披露评价及投资预期的趋同性。

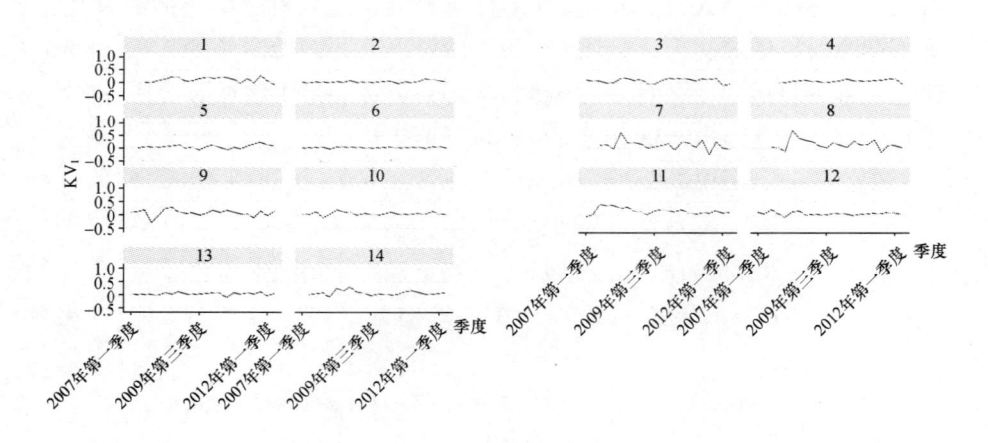

图 6-1　14 家商业银行的 KV_1 值

---

① 图 6-1 和图 6-2 中 id1—14 分别代表北京银行、中国工商银行、华夏银行、中国建设银行、交通银行、中国民生银行、南京银行、宁波银行、平安银行、浦东发展银行、兴业银行、招商银行、中国银行和中信银行。

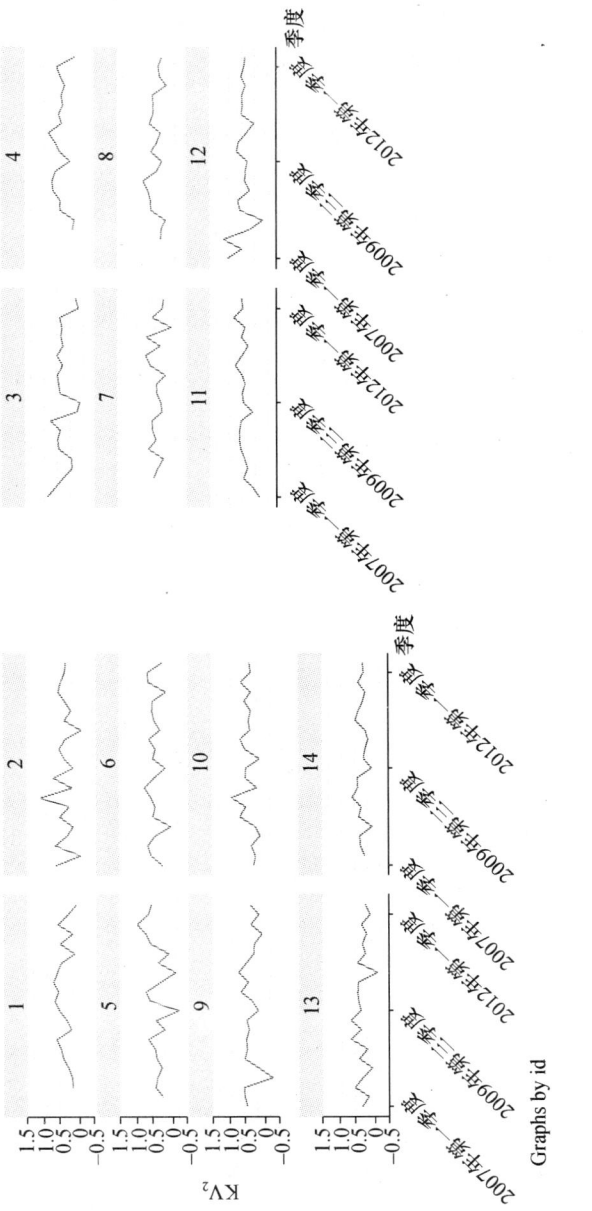

图 6-2 14 家商业银行的 KV_2 值

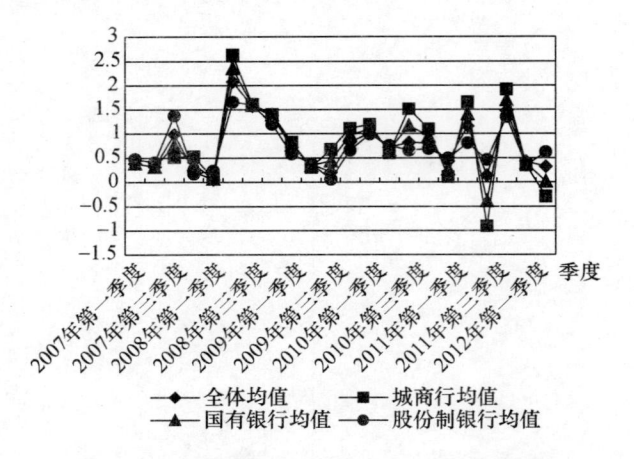

图 6-3 14 家商业银行的 KV_1 值的均值比较

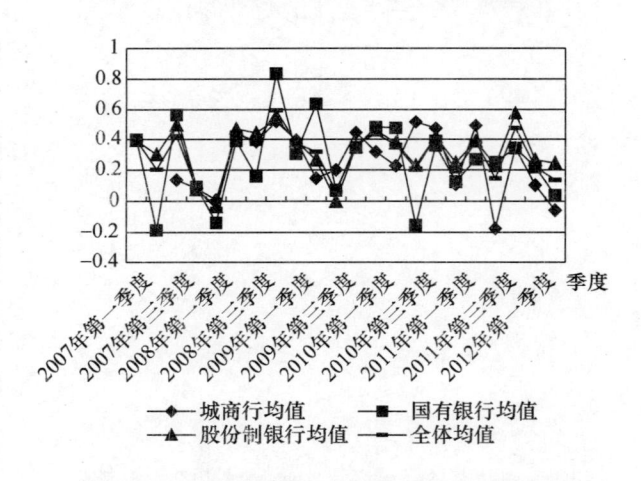

图 6-4 14 家商业银行的 KV_2 值的均值比较

2. 董事会秘书持股会降低银行的信息披露吗

我们先观察关于解释变量及控制变量的统计性描述，如表 6-1 所示。从描述性统计我们可以观察出持股的董事会秘书约占所有上市银行董事会秘书数量的 1/3，大部分董事会秘书兼任其他高级管理职务，独立董事比例按照相关规定普遍达到了 1/3 以上，大部分上市的商业银行聘请四大会计师事务所进行审计工作等事实。接下来本节运用 Stata10.1 对 (6-4) 式、(6-5) 式即模型 1 和模型 2，进行面板数据计量分析，其结果如表 6-2 所示。

模型 1 的结果显示，商业银行董事会秘书是否持股 (*sharehold*) 的解释

表6-1　　　　　　　　　　描述性统计

变量	均值	标准差	最小值	最大值	样本数
sharehold	0.3456376	0.4763757	0	1	298
dual	0.64	0.480802	0	1	300
age	48.37667	6.845265	35	63	300
serving	2.846667	1.997445	1	8	300
edu	0.3154362	0.4726492	0	1	298
wage	46.41192	29.97995	15.35	172.665	257
indepdir	0.3401144	0.0397863	0.214	0.4444	299
size	0.0378949	0.0462867	0.0013429	0.16795	302
audit	0.8135593	0.3901237	0	1	295
top	0.2728161	0.1962681	0.047	0.68	301
stateown	0.205298	0.4045896	0	1	302
exchage	0.5	0.5008299	0	1	302
capital	0.1204535	0.0268552	0.0388	0.3014	254
profit	0.0041337	0.005226	-0.0074214	0.530907	298
cost	0.3364186	0.0602198	0.1852131	0.53741	272
liquidity	0.423043	0.0888485	0.2549	0.7201	193
nonperform	0.0123312	0.0091027	0.0034	0.07	276

表6-2　　　　　　　　　　实证结果

变量	模型1 KV$_1$ 固定效应	模型1 KV$_1$ 随机效应	模型1 KV$_2$ 固定效应	模型1 KV$_2$ 随机效应	模型2 KV$_1$	模型2 KV$_2$
sharehold	-0.2453*	-0.1629*	-0.5871***	-0.0044**	-0.2840*	-0.1465
dual	-0.0389	0.3660**	-0.1459**	-0.0087	1.8292*	0.0610
age	0.0195	-0.0088	0.0150	0.0044	-0.1003	-0.0060
serving	0.0459	-0.0371	0.0198	-0.0313**	-0.1806	-0.0240
edu	0.1775	0.0050	-0.0202	0.0133	0.2355	-0.0240
wage	0.0083	-0.0002	0.0015	0.0014*	0.01133	0.0017
indepdir	-1.2785	-3.2148**	-1.4399***	-1.0821**	-4.9916*	-1.9499
size	-18.0859	-10.1324*	-3.6370	-1.9092	-67.5132	-2.5317
audit	-0.9653	-0.5261	0.0048	0.0071	-0.1273	0.1679
top	-2.3834***	0.4328	-1.0609***	-0.5931**	-6.7157	-0.9742
stateown	4.0336	0.8100	1.2513	0.3686**	6.6621	0.7533

续表

变量	模型1 KV$_1$ 固定效应	模型1 KV$_1$ 随机效应	模型1 KV$_2$ 固定效应	模型1 KV$_2$ 随机效应	模型2 KV$_1$	模型2 KV$_2$
exchage	-1.2225*	-0.2846*	-0.5747*	0.0659	-0.82031*	-0.1712
capital	9.8547*	9.8444***	1.5828**	0.4646	24.7356*	3.2825
profit	-37.8493	3.2375	-18.1294	-6.5920	114.7944	-0.7595
cost	-4.0441*	-1.6742	-0.1333	-0.5489*	-11.0883**	-0.8559
liquidity	-1.3284	-0.5192	0.2009	0.2902	3.8978	1.0043
nonperform	-13.1674	-29.1091**	-5.4593***	-12.6508***	-13.5864	-3.1287
KV$_{kit}$(-1)					0.3777*	-0.1566

说明：*、**、***分别代表回归系数在10%、5%、1%水平下显著。

变量回归系数均为负，且 KV$_2$ 的显著性很高，这说明董事会秘书持股不但没有降低商业银行的信息披露质量，反而提高了商业银行的信息披露质量。除了董事会秘书持股的回归系数显著外，我们还可以通过回归结果发现独立董事占董事会的比例（*indepdir*）的多数系数显著为负，这说明独立董事占董事会人数比例越高，KV值越低，信息披露质量越高。这说明我国上市商业银行的独立董事在一定程度上起到了其监督信息披露的职责。第一股东持股比例（*top*）的回归系数多数显著为负，说明第一大股东持股比例越高，信息披露质量越高，这与实证设计中相关文献的推理实证结论一致。是否在香港上市的控制变量（*exchage*）系数多数显著为负，说明同时在香港上市的商业银行信息披露质量更高。

在董事会秘书的相关资料变量中，如年龄（*age*）、任职时间（*serving*）、兼任情况（*dual*）、教育水平（*edu*）、薪水（*wage*）等解释变量中，面板回归的结果均不十分显著或者存在各模型间结果相矛盾的现象，这说明我国上市商业银行的董事会秘书的特征并没有在信息披露质量上体现出来。回归结果并没有验证实证设计中的推理结论，例如任职时间长可能会提高信息披露的质量。在衡量商业银行运营情况的 CAMEL 骆驼评级法等控制变量中，不良贷款率（*nonperform*）与资本充足率（*capital*）的回归结果分别显著为负和正，这得出了与实证设计中推理相矛盾的结果，即不良贷款率越高，资本充足率越低，信息披露质量越高。而其他银行特征变量回归系数均得到不显著的结论。得到这样结果的原因或许是因为我国商业银行信息披露质量薄弱或者传导机制仍然不强,或者是因为市场投资对信息的关注点并不重视这些常见的银行财务指标。

在增加了 KV 的动态项后,在模型 2 的回归结果中我们发现 KV_1 前期项 $KV_1(-1)$ 的回归系数具有显著性。在带有 KV_1 动态项模型的回归系数中,董事会秘书持股、独立董事比例、是否在香港上市等变量的回归结果得到了与模型 1 相近的结论。本书还做了一些稳健性检验,例如用净利润与总资产之比代替税前利润与总资产之比,用股东权益与总资产之比代替资本充足率,用存贷比代替流动性资产比例等回归分析,其结果与本书的实证分析结论基本一致。[①]

在本节重点分析的董事会秘书持股是否影响信息披露质量问题上,本书的分析结果颠覆了我们传统认为的董事会秘书持股会降低信息披露质量的结论。这个结果再次说明我国金融业发展具有自身情况的特殊性,在对诸多问题的分析中需要重视实事求是。文献综述中提到,周开国等(2011)的论文是国内第一篇专门研究董事会秘书持股与信息披露质量的文献,但是,本节研究结论与其不同。例如,周开国等(2011)的主要研究结果认为,信息披露质量得到改善,董事会秘书持股造成信息披露质量下降。这源于周开国等(2011)采用截面数据研究 2006 年新《公司法》实施前后不同行业的情况,即着眼于某一时间点前后的各行业的总体情况。而本节采用面板数据研究 2007—2012 年上市银行信息披露质量是否随着资本市场发展而得到改善,信息披露质量是否因为银行董事会秘书持股而受到影响,即着眼于一段时间内的某行业情况。

那么,是什么原因造成了这样的"反常"结果呢?五家董事会秘书持股的商业银行分别为:北京银行、宁波银行、南京银行、中国建设银行与招商银行。我们来观察这五家商业银行和其董事会秘书的特征。首先,这五家商业银行的董事会秘书在 2007—2012 年一直担任其职,有的在可查资料中,甚至从 2004 年即开始担任董事会秘书,而一直没有由他人担任,可以说明其任职时间长的特点。其次,北京银行、宁波银行、南京银行为三家城市商业银行,资产规模相比其他上市银行小。最后,建设银行与招商银行的董事会秘书持有的股份为 H 股和 H 股的股权激励。总结这三个特征,我们可以得出以下推理结论:任职时间长,H 股信息披露质量

[①] 感兴趣的读者可以联系笔者。

要求高，股权激励更是在长期激励高层管理人员，这些原因也许会造成持股的董事会秘书考虑自身所持股票价值的时间期限增加，对短期股价利益的需求降低，从而没有形成"内部人控制"以降低信息披露的质量。还有城商行规模小，财务并表方法更简单一些，也许无法采取大型商业银行监管资本套利等方法（翟光宇和陈剑，2011），这些也约束了董事会秘书挑选"好信息"、"坏信息"的选择余地，即董事会秘书可以进行加工的信息比较少。以上推理或许是造成我国上市商业银行董事会秘书提高了信息披露质量的"反常"现象的原因。因此本节结论再次说明，在信息披露这一问题上，不同行业、不同公司、不同发展时期均存在其行业层面与公司层面的特殊性，并不存在统一的定论。而且周开国等（2011）采用的是截面数据，只对2006年前后的各行业总体进行了研究，随着我国资本市场的发展，不同行业、不同公司董事会秘书持股是否会对信息披露造成影响，尚需进一步实证研究。

（五）结论及政策建议

本节依据2007—2012年的季度数据对14家中国上市商业银行的信息披露情况及董事会秘书持股对信息披露质量的影响进行了分析。实证结果显示我国上市的商业银行信息披露没有随着资本市场的逐年发展而得到提高，而且信息披露显示出"趋同"的现象。但是董事会秘书持股却没有符合传统观点所认为的造成信息披露质量下降，相反却造成了信息披露质量的提高。观察董事会秘书持股的商业银行特点，本书认为，资产规模小、董事会秘书任职时间长、长期的股权激励等因素是造成董事会秘书持股提高信息披露质量这一"反常"现象的原因。研究结论还表明商业银行的独立董事在一定程度上起到了其监督信息披露的职责，同时在香港上市与第一股东持股比例高的商业银行信息披露质量较好。而刻画银行运营情况的CAMEL的各个方面的控制变量的回归系数有的不显著，有的与成熟资本市场应有的现象相反，说明我国商业银行自愿信息披露的意愿不强，资本市场对信息披露的反应较弱。同时董事会秘书的个体特征诸如任职时间、教育背景等回归结果皆不显著，说明董事会秘书信息披露的工作并没有显示差异性，董事会秘书在用人选拔上还有提升的空间。

本节的遗憾在于对商业银行董事会秘书持股造成信息披露质量提高，这一与其他行业不同的"反常"现象仅进行了理论推理，推理的理由没有得到实证分析验证，这也为以后的研究提供了一个方向。

六 信息披露的未来研究设想

信息披露的重要性已经不言而喻,所以对信息披露的研究仍将继续。值得注意的是,关于信息披露的绝大多数文献均从商业银行或者其他金融机构的风险管理角度进行探讨,即信息披露的核心出发点是为了维护金融安全。实际上,无论是从市场约束的博弈,还是从其他角度,我们似乎忽略了商业银行利益相关人对信息披露的需求。事实上,相关文献之所以出现了对信息披露是否引起了社会总福利增加的争论,本质上是因为忽略了利益相关人对信息的知情权。不同的利益相关人(存款人、投资人等)对商业银行的信息披露需求也不相同。因此,如何找到利益相关人对信息的知情权和商业银行控制风险的均衡点,或许是未来的研究方向之一。

第二节 盈余管理、资本管理和监管资本套利

前文就信息披露与市场约束的关系进行了总结,本节将就信息披露中的三个特殊例子——盈余管理、资本管理和监管资本套利进行分析。这三者作为市场约束的博弈将在商业银行的发展中扮演越来越明显的角色。分析三者的利弊,对市场约束和商业银行的健康发展都将起到重要的作用。

市场约束的博弈是指在商业银行利益相关人实施了有效的市场约束或者存在市场约束的预期时,商业银行会采取怎样的行动以及市场约束主体之间会发生怎样的行动变化。分析市场约束的博弈,对于如何更好地发挥市场约束的效果有深远的意义。我们期待的市场约束的博弈结果是商业银行降低自身风险,这也是市场约束有效的内容。但是,除此之外,市场约束还会存在哪些博弈是本节要探讨的问题。

一般来说,市场约束有效或者存在市场约束预期时,商业银行与利益相关人进行博弈最可能的结果是信号显示。比如风险管理得好、盈利能力高的商业银行可能会主动发出信号,以此来影响利益相关人的选择。那么风险管理得不是很完善的商业银行会进行哪些操作呢?限于文章篇幅和资料有限,本书不对诸如会计造假等非法手段进行博弈分析。本节研究在合法的条件下,商业银行会进行哪些操作和调整,借以进行信号显示。

一 关于盈余管理和资本管理

企业的盈余管理和资本管理是指在法律和会计准则允许的范围内,通过

对会计工具的运用,有目的地控制财务披露,使经营者自身利益或企业市场价值达到最大化的行为。商业银行的盈余管理是指商业银行在合法的情况下运用一些会计方法,达到诸如平滑利润、降低暴露的风险等目的。商业银行的资本管理是商业银行对自身的资本进行管理,从而达到促使资本充足率高的目的。商业银行进行盈余管理和资本管理的出发点有很多,但是向市场释放信号是其主要目的之一。即商业银行可以通过释放信号,令市场对其有足够的信心,从而在以后的吸引资金、投资等诸多方面得到便利。

商业银行的信号显示和市场约束存在着紧密的联系。首先,市场约束的前提之一即是商业银行的信息披露。而商业银行的信号显示的直接目的即是在信息披露的过程中吸引利益相关人。市场约束的力量越强,商业银行越有盈余管理和资本管理的激励。这种相互促进的关系可以表示为:

$$商业银行盈余管理、资本管理 \xrightleftharpoons[信号显示]{市场约束} 利益相关人行为选择$$

在完善、有效的金融市场,信号显示与市场约束往往同时出现,如果没有信息披露,就不会有市场约束;如果市场约束无效,商业银行也没有动机进行盈余管理和资本管理。因此信号显示和市场约束是检验一国金融业是否成熟的条件之一。随着金融市场的不断发展,市场约束的作用已经日益重要。本书基于商业银行信号显示和市场约束的相关关系,论述市场约束的博弈过程,并从商业银行的投资收益和风险管理等角度,实证研究我国上市商业银行是否在进行信号显示。研究结果表明,盈余管理在我国上市商业银行一定程度上存在。这说明了我国商业银行在一定程度上重视向市场释放信号,也说明市场约束起到了一定的作用。下文的思路如下:首先进行文献梳理,论述盈余管理和资本管理的具体含义、重要意义及研究框架;接下来进行实证分析,验证理论假设;最后是盈余管理和资本管理的结论及建议。

二 盈余管理和资本管理的理论分析

前一部分已经简单地介绍了商业银行盈余管理和资本管理的内涵,本部分将具体论述商业银行的盈余管理、资本管理的动机和方法,以及其作为市场约束博弈的重要意义。

商业银行的本质为企业,因此存在与一般企业一致的目标,例如追逐利润、拓宽融资途径等。同时,商业银行作为金融机构的重要一员,其经营方式和盈利手段又存在诸多特殊性。作为企业特别是建立了现代企业制度以后，为了股东的利益最大化，商业银行的首要目标也是追逐利润最大化。同时为了扩大经营规模，商业银行必然要拓宽融资途径、吸引投资者。而金融系统作为一国经济的调节中介，其特殊性及重要地位又必然引起相关各方的监督。为了吸引投资者，商业银行必须向潜在投资者显示其良好的经营业绩。那么，在自身经营实力已经穷尽的情况下，特别是在经济周期不利的时候，商业银行往往会出于平滑利润的目的，进行盈余管理。作为社会资金运转链的重要一环，商业银行又面临监督机构的层层监管。例如商业银行要公布其资本充足率、不良贷款率、流动性资产等指标。那么，为了达到监管的目标，商业银行也存在进行盈余管理和资本管理的动机。但是，商业银行作为资金中介，其盈余管理和资本管理的方法和工具也和一般的企业不同。通常来说，商业银行进行盈余管理和资本管理的工具可能有以下几种：贷款损失准备、投资收益、表外业务、衍生金融工具（石晓军和王海峰，2007）。

从上述工具来看，商业银行进行盈余管理和资本管理最为便利、成本最小且可以经常使用的方法即是利用贷款损失准备金的计提和投资收益（Anwer S. Ahmed，1998）。贷款损失准备又分为一般准备、专项准备和特种准备。一般准备金为应对一般风险，从净利润中提取，在计算资本充足率的时候可以计入附属资本从而提高资本充足率。专项准备和特种准备作为营业支出，可以影响商业银行的营业利润。即在利润高的时候多提贷款损失准备金，在利润低的时候少提贷款损失准备金。（《银行贷款损失准备计提指引》中指出次级和可疑类贷款的损失准备，计提比例可以上下浮动20%）从而起到平滑利润，同时又能在一定程度内满足贷款损失准备金的余额平稳。因此出于平稳资本充足率和利润的目的，商业银行存在对贷款损失准备金进行资本管理和盈余管理的动机。从投资收益的角度讲，商业银行在经营业绩不好的时候，可以多出售本可以继续盈利的金融资产，例如自身持有的债券等。而在经营业绩好的时候，又可以多进行一些投资，为日后可能出现的风险进行缓冲准备。因此投资收益也可以作为商业银行盈余管理的灵活手段（Collins，J.，Shackelford，D. and Wahlen，J.，1995）。Bikker 和 Metzemakers（2005）的研究发现贷款损失准备与商业银行的报告盈余呈显著正相关关系。因为当商业银行的实际损失过大时，可计提较少的贷款损失准备来平滑盈余，避免报告盈余的迅速降低；实际损失过小时，可计提较多的贷款损失准备，从而避免报告盈余的迅速增加和较大波动。而且从研究的角度讲，由于数据的可得性，贷款损失准备金和投资收益作为研究对象要比其他盈余管理方式更易于计量，这也是本节实证部分选择这两个角度进行研究的原因之一。

综上所述，商业银行运用贷款损失准备和投资收益进行盈余管理和资本管理的动机如下。

（1）监管要求——资本充足率。在资本充足率不足的时候，商业银行为了规避金融监管和达到监管要求，利用贷款损失准备金中的一般风险准备金的计提提高自身的资本充足率。反之，在资本充足率充足时，可少提一般风险准备金（Barth，2004）。

（2）业绩要求——平滑利润。在利润下滑的时候，商业银行利用贷款损失准备和多获得投资收益进行平滑利润。在利润高涨的时候，可以多计提特种准备和专项准备，并持有本可出售的金融资产（Laeven and Majnoni，2003；Bikker and metzemakers，2005）。

（3）总体目标——信号显示。商业银行通过盈余管理和资本管理，使商业银行的利润不至于出现大幅波动，甚至在经营不顺利的情况下也能达到稳步增长，同时提高资本充足率，从而向投资者及利益相关人输送经营业绩良好的信息信号，借以达到降低融资成本等目标，以求得自身利益最大化（Grammatikos，T. and Sauders，A.，1990）。

但是，对于盈余管理和资本管理的动机也有文献持怀疑态度（Kim and Kross，1998；Collins，1995），因此在我国商业银行是否通过贷款损失准备和投资收益来进行信号显示尚需本章实证部分的检验。

盈余管理、资本管理与市场约束往往在完善的市场经济中交替出现。因为市场约束的存在，商业银行才有动力进行盈余管理和资本管理，从而进行信号显示。而市场约束有效的前提即是信息披露，因此商业银行的盈余管理、资本管理和市场约束是相互促进、相互作用的博弈过程。

越是成熟的金融市场，盈余管理、资本管理和市场约束的存在越普遍。尽管盈余管理和资本管理似乎只是一种会计手段，但是其毕竟促进了市场竞争和促进了市场约束，使资金配置更加有效率。通过市场的手段达到促进商业银行竞争的目的，使风险管理得有效，盈利能力高的商业银行获得应有的回报，促使风险高的商业银行进行自身资产风险调整，从而有利于整个金融市场的安全。随着我国金融市场的日趋成熟，完善金融的市场化是大势所趋，而市场约束与盈余管理、资本管理正是金融市场化的明显体现。观察14家商业银行的利润曲线，图6-5、图6-6和图6-7分别为国有商业银行、全国股份制商业银行、三家上市的城商行的利润曲线图。从三个统计图可以观察到，我国商业银行利润统计图存在很大的趋同性，这和我国商业银行的业务相似性有关，限于篇幅本书不对此问题进行探讨。2008年第四季度，各商业银行的利润最低，这与受金融危机影响有关。除2008年平稳下降外，我国商业银行的利润曲线均呈现平稳上升。因此总体来说从统计图中可以得出结论，我国商业银行的利润是平稳的，没有出现剧烈的波动。除了商业银行本身的业务经营取得的业绩，是否如上文所探讨的，商业银行进行了平滑利润的盈余管理？2007—2011年，我国上市的商业银行资本充足率均值已经接近12%，充分说明我国上市的商业银行的资本充足率已经远远高于8%的最低资本充足率标准（翟光宇和陈剑，2011），那么我国商业银行是否进行了资本管理？

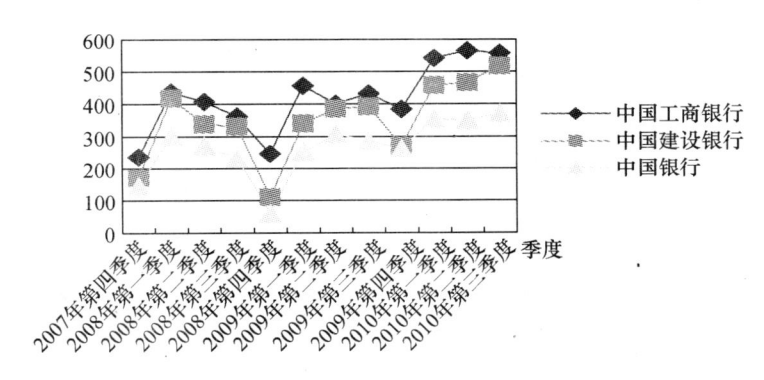

图6-5 国有商业银行的利润曲线

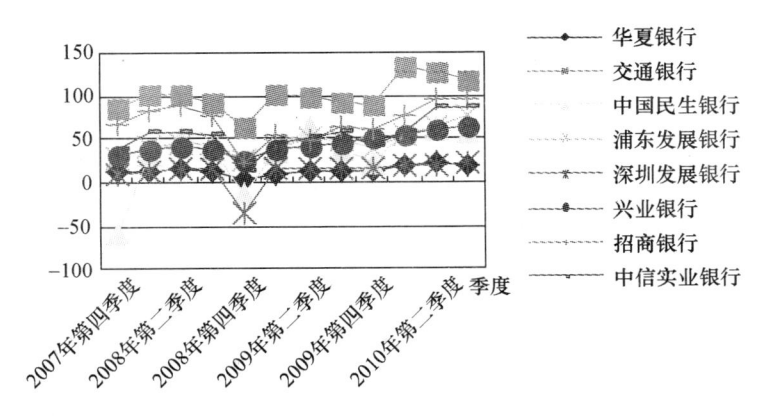

图6-6 全国股份制商业银行的利润曲线

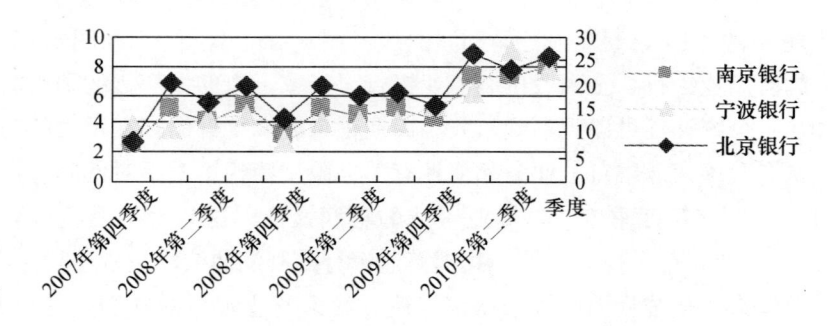

图6-7 上市的三家城商行的利润曲线①

基于理论部分的论述以及我国的实际情况，本节将探求以下两个问题：

（1）我国商业银行是否利用贷款损失准备，进行以提高资本充足率为目的的资本管理？随着我国商业银行改革的不断进行，对商业银行的监管特别是资本充足监管，已经取得初步成效。但是我国商业银行的资本充足率，多是经过政府注资（1998年的特别国债，2004年外汇储备注资等）或者发行次级债达到8%的最低要求。那么，随着商业银行贷款资产规模的不断扩大，我国商业银行是否通过多计提贷款损失准备中的一般风险准备，用来提高附属资本含量，从而向市场传递达到高资本充足率的信号目的？

（2）我国商业银行是否利用贷款损失准备和投资收益，进行以利润平滑为目的的盈余管理？随着国内商业银行竞争的加剧，除了各商业银行之间的竞争，金融脱媒现象也逐渐加速，因此我国商业银行是否利用贷款损失准备中的特种准备、专项准备和投资收益进行利润平滑呢？具体说来，即在利润低的时候是否通过少计提贷款损失准备，多获取投资收益来达到提高利润；在利润高涨的时候多计提贷款损失准备，多持有债券资产以减少利润波动？从而向市场传递利润平稳增长等信号，以达到在竞争中生存的目的呢？

三 盈余管理和资本管理的实证分析

理论部分已经对商业银行进行盈余管理、资本管理的途径和市场约束进行了阐述，实证部分将进一步探究我国商业银行界是否存在盈余管理和

---

① 左坐标为南京银行和宁波银行，右坐标为北京银行。

资本管理的现象,从而为我国进一步加强金融市场化提供事实依据与建议。

(一)模型设计

对应上文提出的两个问题,本书计量方程设计如下:

$$llp_{it} = constant + \beta_1 capital_{it} + \beta_2 nonperformloan_{it} + \beta_3 loan_{it} + \beta_4 ebit_{it} + u_{it}$$
(6-6)

$$investmentincome_{it} = constant + \alpha_1 loan_{it} + \alpha_2 ebit_{it} + \alpha_3 marketreturn_{it} + u_{it}$$
(6-7)

计量方程(6-6)式检验贷款损失准备金的计提是否与资本充足率的提高及税前利润相关,从而验证商业银行是否通过贷款损失准备进行以提高资本充足率和平滑利润为目的的资本管理、盈余管理。llp_{it}为贷款损失准备与总资产之比,$capital_{it}$为资本充足率,$nonperformloan_{it}$为不良贷款率,$loan_{it}$为贷款余额与总资产之比,$ebit_{it}$为税前利润与总资产之比。

如果商业银行进行了以平滑利润为目的的盈余管理,若当期利润高,商业银行会多提贷款损失准备金;若当期利润低,商业银行会少提贷款损失准备金,也就意味着β_4期望符号为正。同理,如果商业银行进行了提高资本充足率的资本管理,那么当期资本充足率高,商业银行会少提贷款损失准备;如果资本充足率低,商业银行会多计提贷款损失准备,即β_1的期望符号为负。解释变量除了资本充足率和税前利润与总资产之比外,控制变量为不良贷款率和贷款占总资产之比。因为随着不良贷款率和贷款额度的提高,为了加强风险管理,商业银行会进行多提贷款损失准备。而且银监会已经对商业银行贷款损失准备金占贷款余额的比例实施动态管理,原则上不低于2.5%(马蔚华,2010)。因此β_2和β_3的期望符号均为正。

计量方程(6-7)式是检验商业银行是否通过投资收益进行平滑利润的盈余管理。$investmentincome_{it}$为投资收益与总资产之比,$loan_{it}$为贷款余额与总资产之比,$ebit_{it}$为税前利润与总资产之比,$marketreturn_{it}$为银行间债券市场综合指数平均收益率。如果商业银行进行盈余管理,那么在利润低的时候,商业银行会选择卖出可以卖出的金融资产,从而增加投资收益,因此α_2的期望符号为负。由于我国商业银行资产基本可以分为贷款和债券投资两大类,而商业银行的资金来源在一定时期内是一定的,所以投资收益和贷款规模成反比,因此控制变量选择贷款与总资产之比,并且 α_1 的常理符号为负。因为我国商业银行投资资产中,金融债券和国债以及央票等票据投资占据很大的部分,而且银行间债券市场的主要参与者是商业银行,所以选择银行间债券市场的综合指数平均收益率作为控制变量。如果商业银行进行盈余管理,那么往往意味着反常投资。即即便是市场收益率向好的时候,如果利润低,为了增加利润,商业银行也会进行抛售,而不是选择继续持有。综上所述,如果商业银行进行盈余管理,则除了 α_2 的期望符号为负,也同时要求 α_3 为负,即和大盘走势相反,明明可以盈利却放弃(一般来说,银行债券资产属于配置型的,不会和大盘相反)。而如果 α_3 为正,即便 α_2 的符号为负也不能说明商业银行在进行盈余管理,只是在获得正常的报酬。

(二) 数据的统计描述

截至 2010 年年底,我国一共有 16 家商业银行上市,由于实证研究涉及股价,光大银行和农业银行都是 2010 年下半年才上市,时间过短,因此样本中删去这两家商业银行。又由于其他 14 家商业银行上市时间不一致,2007 年 9 月,14 家商业银行才全部在 A 股上市,而且各商业银行的财务数据公布的最短的时间间隔即为每个季度的季报,因此本书样本时间点取自 2007 年第四季度至 2010 年第三季度。选择季度数据的原因有两个:一是为了增加样本的时间点;二是除了年报和半年报外一般的季报不需会计师事务所进行审计,因此如果存在盈余管理,季度数据更有说明力。数据来源为各商业银行网站公布的季报。

表 6-3 给出了全样本、国有商业银行、全国性股份制商业银行的主要变量的描述性统计。由于只有三家城商行上市(北京银行、宁波银行、南京银行)没有普遍意义,因此没有给出城商行的描述性统计。就贷款损失准备 *llp* 和资本充足率 *capital* 而言,国有商业银行比股份制商业银行准备充足,而且标准差小,表明国有商业银行之间差异不大。贷款与总资产之比 *loan* 表明股份制商业银行比国有商业银行更加依赖于贷款。股份制商业银行的不良贷款率 *nonperformloan* 要比国有商业银行的低,虽然国有商业银行上市前已经剥离了相当部分的不良资产,但是由于规模大,历史负担依然存在。

表 6-3 主要变量的描述性统计

变量	全样本 均值	全样本 标准差	全样本 样本	国有商业银行 均值	国有商业银行 标准差	国有商业银行 样本	股份制商业银行 均值	股份制商业银行 标准差	股份制商业银行 样本
llp	0.011	0.003	151	0.013	0.002	36	0.011	0.003	84
$capital$	0.120	0.032	142	0.122	0.007	35	0.107	0.018	81
$nonperformloan$	0.014	0.008	155	0.019	0.006	36	0.013	0.009	88
$loan$	0.526	0.066	168	0.492	0.028	36	0.564	0.053	96
$ebit$	0.003	0.002	168	0.004	0.001	36	0.003	0.002	96
$investmentincome$	0.0002	0.0006	168	0.0002	0.0007	36	0.0001	0.0005	96

（三）实证结论

本节运用 Eviews6.0 对盈余管理和资本管理进行计量分析。表 6-4 和表 6-5 是对计量方程（6-6）式、方程（6-7）式的估计结果，全样本包括上市的 14 家商业银行的估计结果，股份制商业银行包括（交通、华夏、民生、招商、兴业、中信、浦发、深发展）8 家商业银行。没有估计国有控股银行和城商行是因为样本容量过小。

表 6-4 计量方程（6-6）的估计结果

变量	全样本 固定效应	全样本 随机效应	股份制商业银行 固定效应	股份制商业银行 随机效应
$capital$	0.0010 (0.176)	0.0066 (1.18)	-0.0116 (-0.50)	0.0192 (1.04)
$nonperformloan$	0.2179*** (9.82)	0.2121*** (10.48)	0.2029*** (6.76)	0.2186*** (9.12)
$loan$	0.0254*** (5.66)	0.0140*** (2.85)	0.0287*** (3.85)	0.0173** (2.38)
$ebit$	0.1781** (2.02)	0.0843* (1.60)	0.2874** (2.30)	0.1240* (1.77)

说明：***、**、* 表示在 1%、5%、10% 置信水平下显著；括号内为估计量的 t 统计量。

表6-5　　　　　　　　　计量方程（6-7）的估计结果

变量	全样本 固定效应	全样本 随机效应	股份制商业银行 固定效应	股份制商业银行 随机效应
loan	0.0007 (0.29)	-0.0003 (-0.25)	0.0038 (1.37)	0.0006 (0.35)
ebit	-0.0356 (-0.56)	-0.0645 (-1.09)	0.0179 (0.38)	-0.0426 (-0.94)
marketreturn	-0.0159 (-0.76)	-0.0151 (-0.75)	-0.0010 (-0.06)	-0.0026 (-0.15)

1. 我国商业银行进行以提高资本充足率为目的的资本管理了吗

表6-4中capital的估计系数股份制商业银行固定效应估计为负，随机效应为正，全样本为正但是均不显著，这说明我国上市的商业银行没有进行以提高资本充足率为目的，以贷款损失准备为工具的资本管理。这可能和我国商业银行往往通过政府注资或发行次级债实现资本充足的现象有关。反映了在资本充足监管问题上我国行政主导的力量格局没有改变。

2. 我国商业银行进行以平滑利润为目的的盈余管理了吗

表6-4中的ebit估计系数均为正且显著，这表明税前利润越高，贷款损失准备计提得越多；税前利润越低，贷款损失准备计提得越低，这说明了我国商业银行进行了以平滑利润为目的、以贷款损失准备为工具的盈余管理。而且股份制商业银行的估计系数比全样本的数值要大，说明其在盈余管理上的反应更加强烈一些。这和许友传和杨继光（2008）的研究结果不一致。可能是源于其数据结束于2007年，而本书的数据始于2007年，这也从侧面体现出我国商业银行业开始逐渐走向市场化，开始重视市场约束。同时，表6-4的*nonperformloan*、*loan*的估计系数均为正且显著，说明我国商业银行严格控制信贷风险，随不良贷款的升高和贷款规模的加大而多进行贷款损失准备的计提。

表6-5中的结果显示，无论是固定效应还是随机效应，全样本和股份制商业银行的*ebit*估计系数均不显著。这表明我国商业银行没有进行以平滑利润为目的、以投资收益为工具的盈余管理。这也许是因为我国商业银行的主要收入来自信贷的利息收入，投资收益的比重太小。

综上所述，我国商业银行没有进行以提高资本充足率为目的、以贷款损失准备为工具的资本管理，也没有进行以平滑利润为目的、以投资收益为工具的盈余管理，但是进行了以平滑利润为目的、以贷款损失准备为工具的盈余管理。这说明我国商业银行在一定程度上进行了对市场约束的博弈。

四 商业银行的监管资本套利分析

除了盈余管理和资本管理，商业银行还可以进行监管资本套利（Regulatory Capital Arbitrage，RCA）。其内涵为商业银行通过诸如资产证券化、金融创新等方法，在没有降低总体风险的情况下，人为地提高资本充足率。[①] 监管资本套利的有益之处在于可以为商业银行节约资本。但是相对于有益之处，其弊端也是显而易见且严重的。即商业银行的风险并没有得到实质的降低，但是资本充足率却得到了"虚假"的提高。从而粉碎了资本充足监管的初衷——通过增加资本的比例约束商业银行的风险行为。和资本管理、盈余管理一样，商业银行可以通过这种方法进行信号显示。对监管资本套利的研究受到国外相关学者和监管部门的高度重视。目前学术界和业界公认的几种监管资本套利方式有："摘樱桃"[②]、资产证券化的直接增信和间接增信、金融创新等（宋永明，2009）。在对监管资本套利的研究中，Jones（2000）是这一领域的经典之作，其他的相关文献也很大程度上依托于该篇论文。因为我国商业银行监管对资本约束监管的正式确立不足十年，再加上我国商业银行业务相对单一，主要利润来源依靠贷款，进行监管资本套利似乎并不常见，因此国内关于监管资本套利的研究还不多见。但不可否认的是，即便是 Jones（2000）也没有说明究竟如何从商业银行财务报表中确切判断该银行在进行监管资本套利，也没有穷尽所有监管资本套利的方式。事实上，想穷尽监管资本套利的方式是不可能完成的任务，因为金融创新的发展速度太快。那么在这样的现实面前，如何对我国商业银行的监管资本套利进行研究，如何探明我国商业银行是否进行监管资本套利？

[①] 一般来说，监管资本套利是通过降低资本充足率计算公式的分母来提高资本充足率，资本管理是提高资本充足率计算公式的分子来提高资本充足率。

[②] "摘樱桃"为比较传统且常见的监管资本套利方式：银行通过资产置换的方式向风险权重较低，但是收益较高的资产倾斜。例如银行趋向于将资产置换为各个风险权重范围内风险最高的资产，例如在 50% 权重的资产中选择其中风险最高的资产，以便在节约监管资本的前提下获得高收益。

根据翟光宇和陈剑（2011），2007—2011 年我国上市的商业银行季度数据中的资本充足率的平均值已经接近 12%，相当一部分上市银行的核心资本充足率超过 6%，远远高于监管当局要求的 8% 的资本充足率和 4% 的核心资本充足率。如果商业银行进行了监管资本套利，那么在这种情况下，我们很难将商业银行的这种行为归因于单纯为了监管当局的资本充足监管。商业银行的重要目的无疑是在向市场揭示其良好的资本充足基础。这可以看作在股东股票交易市场约束存在下的一种信号显示。

我们当然不能因为我国上市的商业银行资本充足率高，就判断该商业银行在进行监管资本套利。因为资本充足率高也许是因为商业银行进行了资本管理，例如上文指出的发行次级债等，或者是商业银行本身资本充足率是真实的高。但是，如果商业银行的股东权益/总资产的比例偏低，而且若该银行的核心资本充足率却非常高，则意味着该银行很可能进行了监管资本套利。因为股东权益包括股本、资本公积、盈余公积、未分配利润、少数股权等。而核心资本充足率的计算公式为：核心资本充足率 =（核心资本 - 核心资本扣除项）/（风险加权资产 + 12.5 × 市场风险）。核心资本包括实收资本或普通股、资本公积、盈余公积、未分配利润和少数股权等。因此，理论上讲，核心资本充足率、股东权益/总资产这两个值的主要区别在于分母的计算上。核心资本充足率的分母经过了风险权重加权计算得出，而股东权益/总资产的分母是没有风险加权的总资产。从计算公式上可以得出，核心资本充足率在数值上大于股东权益/总资产的情况应该比较常见。因此我们的结论是：如果商业银行的股东权益/总资产的比例偏低，而且该商业银行的核心资本充足率却非常高，则意味着该商业银行很可能进行了监管资本套利。其主要依据如下：我国商业银行的资产业务主要依赖于存贷款利差，即传统的贷款利息业务。我国商业银行的业务趋同（唐双宁，2010），而且本节选择的 14 家商业银行样本大多已经上市多年，又是国内资产规模相对较大的商业银行，因此在贷款的战略投放选择上就更可能趋同性明显。这也就意味着分母的风险权重比例对应的资产相似。所以理论上讲，这些商业银行即便核心资本充足率、股东权益/总资产各不相同，但是如果商业银行没有进行监管资本套利，每家商业银行这两个值的相对趋势应该相近。即如果一家商业银行的股东权益/总资产位于银行业平均水平以上，那么其核心资本充足率也应该相对较高。同理，如果该商业银行的股东权益/总资产位于银行业平均水平以下，则其核心资本充足率也应该较低。那么，如果该商业银行的股东权益/总资产比值偏低，但是其核心资本充足率却非常高，则很可能是进行了监管资本套利，即人为地降低了分母的风险资产数值，但是实际风险并没有降低。

鉴于以上分析，本书根据我国 14 家上市商业银行的财务报告数据，绘制了散点图如图 6-8 至图 6-22 所示。每幅图的横轴为核心资本充足率，纵轴为股权占总资产之比，以 6%（上述银行股东权益/总资产数据的平均值）作为横向分界线。由于《巴塞尔协议Ⅱ》以及我国监管当局均将 4% 设为核心资本充足率的标准，那么高于 7% 则表明核心资本充足率已经相对较高。根据上文分析可得，越趋近于第四象限（股东权益/总资产偏低，核心资本充足率偏高），代表监管资本套利的可能性越大。

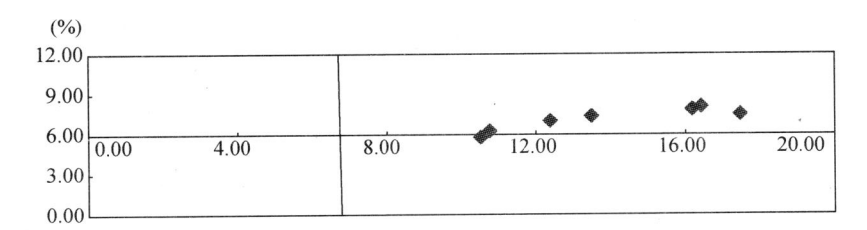

图 6-8 北京银行股权与总资产的比值、核心资本充足率

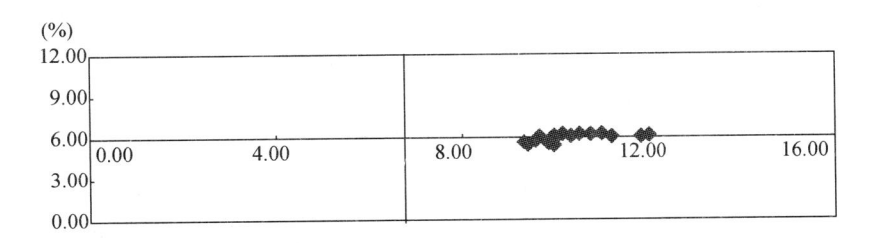

图 6-9 工商银行股权与总资产的比值、核心资本充足率

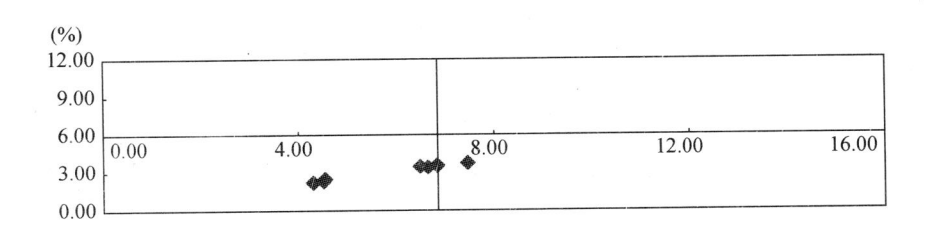

图 6-10 华夏银行股权与总资产的比值、核心资本充足率

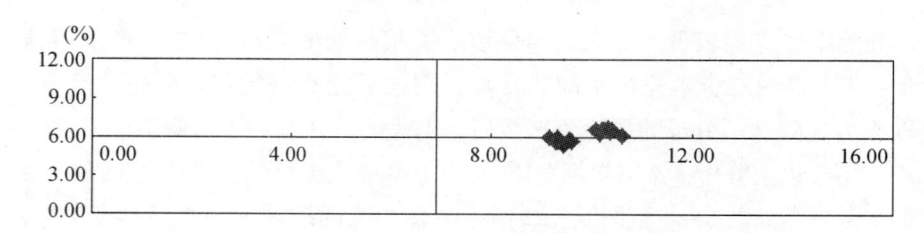

图 6-11　建设银行股权与总资产的比值、核心资本充足率

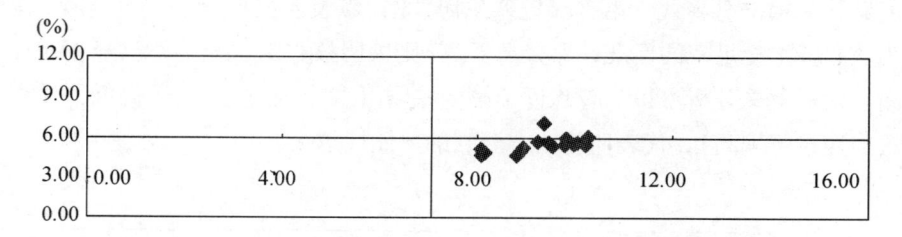

图 6-12　交通银行股权与总资产的比值、核心资本充足率

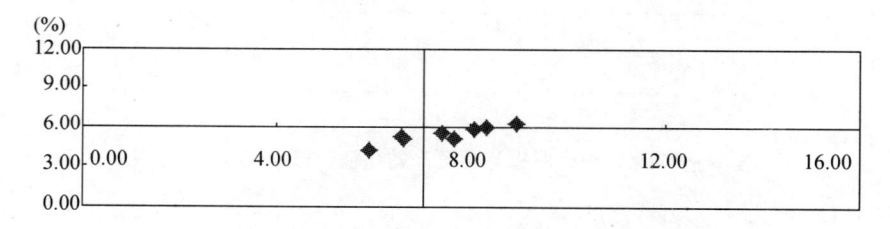

图 6-13　民生银行股权与总资产的比值、核心资本充足率

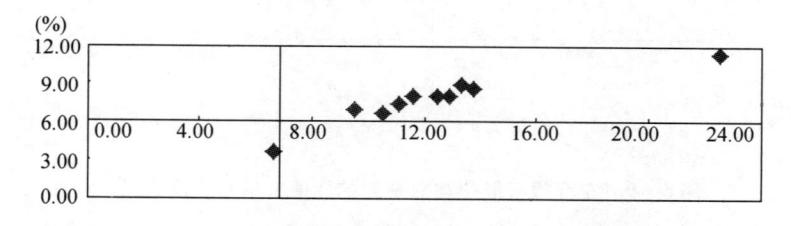

图 6-14　南京银行股权与总资产的比值、核心资本充足率

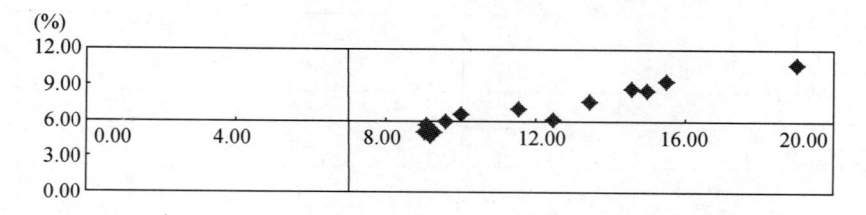

图 6-15　宁波银行股权与总资产的比值、核心资本充足率

图 6-16　浦发银行股权与总资产的比值、核心资本充足率

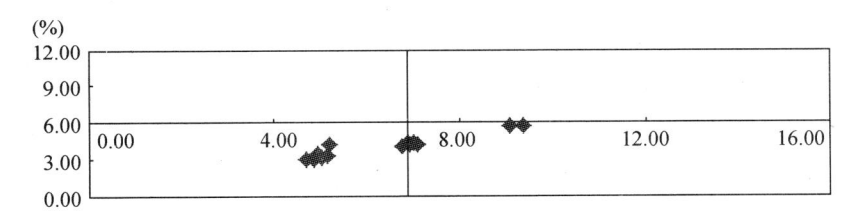

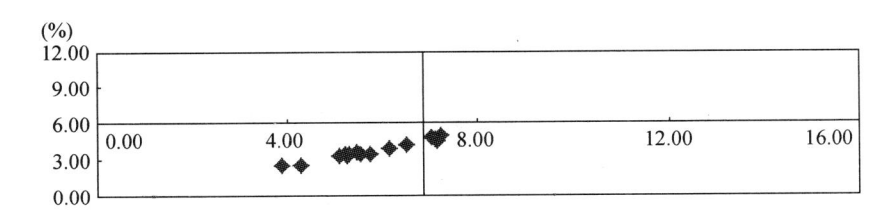

图 6-17　深发展银行股权与总资产的比值、核心资本充足率

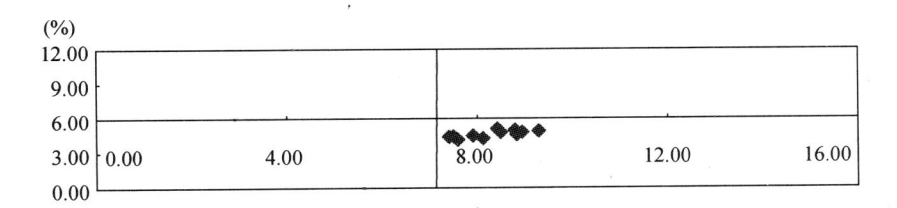

图 6-18　兴业银行股权与总资产的比值、核心资本充足率

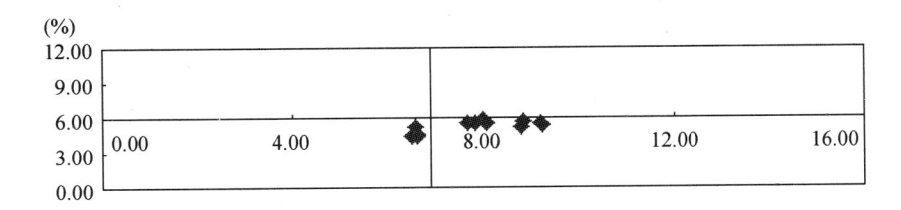

图 6-19　招商银行股权与总资产的比值、核心资本充足率

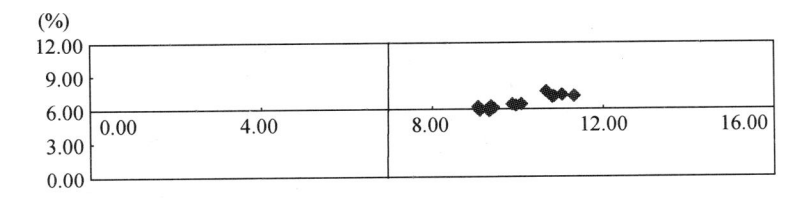

图 6-20　中国银行股权与总资产的比值、核心资本充足率

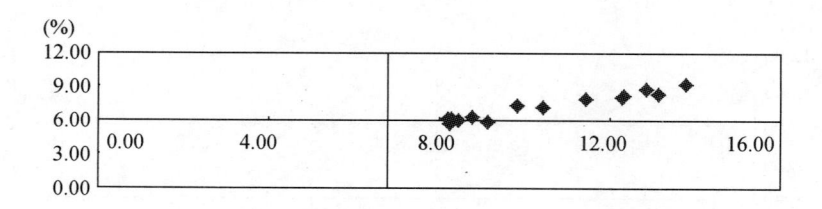

图 6-21　中信银行股权与总资产的比值、核心资本充足率

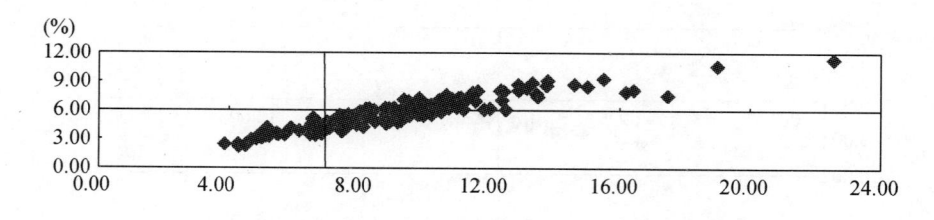

图 6-22　全样本银行股权与总资产的比值、核心资本充足率

从图中我们可以发现，三家城商行（北京银行、宁波银行、南京银行）散点区域均位于第一象限，说明其股东权益/总资产与核心资本充足率都相对较高，符合逻辑预期。而相对而言，越是资产规模比较大的商业银行，越相对趋近于第四象限（如中国工商银行、中国建设银行、交通银行、招商银行、兴业银行等）。而且资产规模比较大的商业银行一般散点相对集中（如中国工商银行、中国建设银行、中国银行、交通银行、兴业银行、招商银行），资产规模较小的商业银行则散点区域相对分散（如三家城商行、深发展银行等）。综合以上图显示的特征，我们可以得出以下结论：

（1）资产规模越大的商业银行，进行监管资本套利的可能性越大。该结论的原因可能是资产规模越大的商业银行越有实力与诸如信托公司等金融机构发展业务往来与合作，例如银信合作中的资产证券化等。因为资产规模大的商业银行往往营业网点众多，电子网络平台丰富，有利于其发展理财产品等。资产规模大，涉及的业务范围较广，"摘樱桃"的可能性较大。而且资产规模大的商业银行很多已经实现了金融控股，例如母公司有下属的基金、保险等子公司，并表的操作也为监管资本套利提供了可能。

（2）资产规模较小的商业银行，受经济周期等外界因素的影响波动较大。资产规模较小的商业银行其核心资本充足率以及股东权益/总资产点集区域相对分散,说明其资产受到外界干扰的波动程度较为剧烈。比如经济周期、央行的货币政策变动都可能对其造成巨大的影响。因此资产规模小的商业银行更应注重对风险的管理,经济环境好的时候注意多进行利润积累及多计提贷款损失准备等工作,以达到平滑利润、抵御风险的作用。

(3)图6-22为样本全体的散点图,该图显示数值有部分进入第四象限,说明总体上我国14家上市商业银行存在监管资本套利的可能性。

综上所述,我国上市的商业银行很可能通过监管资本套利的方式向市场进行信号显示。这说明商业银行重视诸如股东股票交易的市场约束作用。虽然监管资本套利的利弊尚存争议,但是就信号显示的意义来看,说明商业银行的市场约束起到了一定的作用。

五 小结

本节从投资收益和风险管理角度,对我国上市商业银行的盈余管理、资本管理、监管资本套利这三方面的信号显示进行了分析。本节首先论述了信号显示可以看作市场约束的博弈过程,接着分析了商业银行进行盈余管理、资本管理、监管资本套利的方法。实证部分用固定效应和随机效应模型分析了基于贷款损失准备与投资收益为工具的盈余管理和资本管理。实证结果显示,我国商业银行没有进行以提高资本充足率为目的的资本管理,也没有通过投资收益进行平滑利润的盈余管理。但是用贷款损失准备进行了平滑利润的盈余管理,而且股份制商业银行这方面更明显一些。商业银行进行的以平滑利润为目的的盈余管理,体现了我国商业银行正逐步向市场化迈进。表明我国商业银行的改革,建立现代企业制度的商业银行已经初见成效。商业银行正逐步摆脱行政管制,开始注重市场竞争。监管资本套利同样显示了商业银行对市场约束的重视,因为多数上市商业银行明显超过了资本约束标准,但是股权/总资产却与相应的核心资本充足率趋势不相符,所以商业银行此举的重要目的之一在于向市场提供信号。

我国已经上市的商业银行在金融市场还具有很强的垄断地位,但是本书的结论表明,金融市场化道路并不遥远,因为上市的商业银行已经开始向市场进行信号显示以应付竞争的日益激烈。这也表明国家对金融改革走市场化道路的坚定决心。而市场约束的作用随着金融的深化将发挥越来越重要的作用,盈余管理、资本管理、监管资本套利的现象虽然富有争议,但是信号显示的存在是市场化进程的直接体现,是市场约束作用的体现。

第三节　流动性管理
——以存贷比为例

一　存贷比的内涵

存贷比是我国监管当局对银行业流动性进行监管的一项重要指标,即各商业银行人民币贷款余额与存款余额之比必须低于75%。同时,存贷比也是各商业银行检测自身流动性的指标。因为存款是我国各商业银行的重要资金来源,一般认为,存贷比越低商业银行的流动性越好(谢志华,2007)。但是,从商业银行的盈利性角度来说,存贷比限制了其贷款扩张的速度。众所周知,我国商业银行目前依然没有摆脱主要依靠贷款盈利的规模扩张模式,因此商业银行又希望存贷比高一些。除了对流动性监管检测的作用以外,存贷比还具有对宏观经济调控的重要作用。限制存贷比,即限制了全体银行业的贷款规模,这无疑是对经济过热情况下的调控通胀的重要工具。然而2012年下半年,商业银行存贷比居高不下,随之而来的是对存贷比作为监管指标的争议。争议之一是存贷比是否有效地反映了商业银行的流动性,争议之二是存贷比对宏观经济的调控作用是否显著。那么这些争议出现的原因是什么,争议的背后是否存在其合理性,本书将运用理论与实证方法分析这些问题。本节的研究内容包括存贷比监管形成的原因、存贷比监管指标发挥作用的理论依据与争议分析,实证分析存贷比的流动性管理及宏观调控的作用,最后分析在监管当局的严格监管下,商业银行是否存在粉饰存贷比的行为。本节的研究目的在于厘清存贷比监管指标的作用原理,分析探讨目前存贷比监管指标存在的相关争议,这对我国商业银行监管具有金融理论与实践的双重意义。

二　存贷比监管的形成:历史背景及内因

存贷比,即商业银行存款中可用于发放贷款的比例。存贷比上限75%的监管始于我国宏观经济调控急需紧缩之时。1994年以前中国的CPI居高不下,甚至曾高达20%以上,创改革开放后通货膨胀的最高纪录,因此当时的监管指标要配合宏观经济的"双紧"政策。而且当时我国商业银行难以承受资本充足率等监管指标的约束,贷款资产规模受到央行贷款限额的硬性行政计划控制,是缺乏相对灵活的贷款规模调控工具。因为紧缩信贷是降低通货膨胀的重要手段,可以说引入存贷比监管指标与当时的经济环境背景密切相关,是一个中国特定背景下的政策产物。既然贷款限额缺乏灵活性,而资本充足率监管指标在当时实施又不现实,所以存贷比在调控信贷上发挥了重要作用。限制存贷比,即通过限制信贷规模,进而影响货币供应量以达到遏制通胀的目标。基于这样的现实背景,1995年颁布并开始实施的《商业银行法》中明确规定"贷款余额与存款余额的比例不能高于75%",这是我国引入存贷比监管指标的开始。在当时的背景下,采用存贷比指标起到了控制通货膨胀的重要作用。

从银行盈利的角度出发,存贷比越高对商业银行越有利。因为存款是我国商业银行目前最主要的资金来源,需要支付利息也成为银行的资金成本。银行作为企业,势必注重成本收益率。而我国商业银行目前的盈利依然主要依靠贷款,因此商业银行必然在一定的资金成本条件下尽量追逐盈利额,即在存款量一定的情况下,尽量扩大贷款规模。但是从银行的风险控制角度出发,存贷比不应该过高。因为商业银行需要满足广大客户日常现金及转账结算等业务需要。因此商业银行必须保存一定的库存现金、存款准备金、同业存款等收益低但是流动性良好的资产。如果存贷比过高,就会导致上述资产不足,可能导致银行的支付危机。因此控制存贷比上限,有助于对商业银行的流动性进行管理。

综上所述,存贷比监管源于其在宏观经济及银行微观层面发挥的重要作用。具体来说,主要体现在两方面:从银行监管的微观层面主要起到保障商业银行流动性的作用,从货币政策宏观层面主要通过控制贷款规模,起到调控货币供应量进而实现控制通货膨胀等经济调控作用。本书的理论分析及实证分析将从上述微宏观两个方面及商业银行对存贷比的监管套利行为三个方面进行研究。

三 存贷比监管的争议:理论分析

(一)存贷比与流动性管理

商业银行的流动性是指:银行满足存款人提取现金、支付到期债务和借款人贷款需求的能力。流动性包括资产的流动性和负债的流动性。资产的流动性是指银行资产在不发生损失或者发生少量损失的情况下迅速变现的能力。负债的流动性是指银行以较低的成本适时获得所需资金的能力。保持适度的流动性是商业银行流动性管理所追求的目标。而流动性风险是指金融机构的流动性不足引起的清偿问题。巴塞尔委员会在《有效银行监管的核心原则》中将"流动性风险"定义为:银行无力为负债的减少或资产的增加提供融资的可靠性。即在银行流动性不足时，银行无法以合理的成本迅速增加负债或者无法迅速变现资产以获得足够的资金，没有足够的现金清偿债务和保证客户提取存款，从而给银行带来损失。因此降低银行流动性风险的基本途径可以分为两种：一是增加流动性强的资产比例，提高紧急情况下资产变现的能力；二是增强负债即资金来源的稳定性。这两种途径都可以令商业银行有足够的现金保障，以达到保证客户提款的需要。

存贷比对流动性的监测作用原理源于财务管理中的速动比率、流动资产比率等财务工具。企业为了保证流动性，必须保证资产中含有一定比例的速动资产与流动资产。实际上，银行流动性风险产生的根本内在原因是资产与负债期限的不匹配。因为商业银行传统的借贷业务，实质上是一种流动性转换。商业银行作为一种经营货币的特殊企业，借短贷长是其业务运营特点，其负债业务即资金的来源主要是以短期性质的存款为主，而资产业务的大部分是贷款，而且贷款中盈利性较高的部分以中长期贷款为主。而存贷比的本质是存款中用于贷款的比例，该比例越高，意味着较多的资金来源被流动性较低的贷款资产占用，则银行的流动性风险越大；反之则流动性风险越小。因此实行存贷比上限监管，从商业银行的角度来说，是在其存款数量一定的情况下，限制其超额放贷，一定程度上选择现金、央票、国债、金融债等兼具交易性与流动性较高的资产，这样可以尽可能地削弱存款贷款时间期限不匹配造成的流动性转换风险。实行存贷比上限监管，从理论上说可以促进商业银行增加流动性资产比例，或者促进商业银行增加存款数量。而这两点的实现即与前文提到的降低商业银行流动性风险的两种基本途径相吻合。

但是由此引发的争议在于：虽然存贷比监管上限限制存款中用于贷款的比例，增加流动性资产的持有比例，这个理论出发点是正确的，但是对于存贷比对流动性监管的作用效果是否显著持怀疑态度。因为增加流动性资产比例是从资产角度出发，增强存款的稳定性是从负债（资金来源）角度出发。而存贷比同时跨越了资产与负债两个维度。存款与贷款分别同时作为商业银行负债与资产最重要的角色，资金来源和资金运用本身具有很强的相关性。那么当商业银行经营出现变化时，存贷比比率的分子（贷款余额）和分母（存款余额）同时在变动，这样其数值与流动性强弱不一定会呈现出稳定的关系。例如存贷比不能准确地反映资产负债的期限匹配程度，因为其只考虑了贷款与存款的总量，忽略了两者在质量、期限、性质等结构因素的差异。假如银行长期贷款增加但是贷款余额与存款余额并没有发生变化，存贷比监管指标很难体现出此时流动性的差异变化。银行流动性的实质在于其在一定的时间期限内，可以动用的现金量，相关争议认为最能检验商业银行流动性的是现金等交易性资产占总资产之比、存款占负债之比、商业银行在央行的超额准备金的多少等指标。即应该选择分别针对资产和负债两个不同内容进行衡量的方法。而存贷比作为跨越资产和负债的指标未必能真实反映银行的流动性情况。

综上所述，为了规避商业银行的流动性风险，可以选择增加资产的流动性或者增强负债的流动性。存贷比设立的初衷除了发挥限制银行业信贷规模的作用，监管当局寄希望于其可以发挥上述两种增强流动性的作用。即通过限制银行的贷款资产的比例，达到增加流动性资产比例的目的，或者通过增加分母（扩大存款来源）增强负债流动性。而相关争议认为，除去存贷比限制可能造成的揽储大战等不利因素，就存贷比指标本身可能未必能发挥上述增强流动性的作用。因为贷款余额与存款余额相关性较强，存贷比同时跨越了存贷两个维度，其与流动性强弱未必呈现稳定的关系。

针对上述争议，本书将在实证部分分析存贷比与其他衡量商业银行流动性指标的关系，以探求存贷比在衡量银行流动性方面的效果。

(二) 存贷比与宏观金融

引言中提到，存贷比的设立之初，是为了发挥宏观调控作用。存贷比在宏观金融的调控上和法定存款准备金的基本初衷相同，即通过控制资金总量，实现对经济的调控。不同之处在于法定存款准备金首先直接控制银行业的资金来源，而存贷比是通过控制整个银行业的贷款增长。江曙霞和何建勇（2011）通过数理模型推导，认为存贷比在一定条件下会起到逆周期机制的效果。赖志坚（2010）认为，与信贷规模控制相比，存贷比能更科学地体现存款状况对贷款规模的内在约束，是更为公平和市场化的监管手段。胡莹和仲伟周（2010）认为，在垄断竞争的银行业市场结构背景下，当银行满足资本充足率和存贷比要求时，银行业传导的货币政策信贷渠道是有效的。具体来说，当货币政策需要从紧时，央行通过提高法定存款准备金率控制银行业的资金来源，进而各商业银行根据自身的资金来源情况，在满足存贷比监管条件下进行放贷选择，从而监管当局通过存贷比控制银行业的贷款增长。而控制信贷是调控通货膨胀的重要手段，即通过信贷控制影响货币供给量，进而影响宏观经济。其具体过程如图6-23所示。

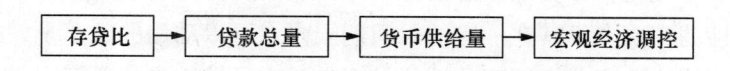

存贷比 → 贷款总量 → 货币供给量 → 宏观经济调控

图6-23　存贷比宏观调控作用机制

但是相关争议认为，存贷比对宏观金融调控的效果如何，依赖于贷款总量与货币供应总量的关系，如果二者相关性好，则存贷比对经济调控效果好；反之则不然。随着我国金融市场的不断完善，贷款总量与货币供应量的相关性逐渐减弱。人民币贷款余额与M2之比1993年降为94.45%，1994年为85.19%，2000年为71.82%，直到2004年都在71%左右，2005—2011年稳定在65%左右。这表明，人民币贷款已由货币供应量的绝对生成渠道，降为最主要生成渠道，再降为主要渠道（黄金老，2013）。因此从这个角度来看，存贷比通过控制贷款余额进而调控货币供应量的机制，伴随我国金融市场的发展与"数量工具"和"价格工具"之间的争论一样，作用效果的发挥存在争议。而且即便存贷比的硬性指标可以限制整个银行业的贷款过快增长，但是由于指标的统一性，对不同银行的影响会有差异，造成银行竞争不公平，容易引起银行的揽储大战或者监管套利。相关争议也认为，就存贷比控制信贷的效果而言，虽然其比贷款限额具有市场化的优势，但是由于央行在2007年和2009年至今未恢复贷款限额控制，直接对贷款规模进行数量管制，比存贷比上限监管作用直接。存贷比作为宏观调控的角色时，就应随经济情况而变动，有时宜紧，有时宜松，正如同我们不能把法定存款准备金率、再贷款率多年确定不变一样（廉薇和罗蔓，2012）。高杰英（2008）认为存贷比的小幅上升有利于我国经济的发展。

对存贷比宏观调控作用的另一个争议在于其与外汇占款的关系。事实上我国商业银行1994年以前存贷比高于100%，1994年后开始下降的原因之一在于顺差引致的外汇占款增加，直接导致存款总量的增加。例如韩军（2012）认为出口顺差、企业结汇、外汇占款增加是1994年后银行业存差的重要原因之一。而现在的经济形势为出口增速下降，人民币升值预期逐渐减弱，我国外贸顺差减少，外汇占款不能大量供应货币，因此造成商业银行存贷比节节攀升。2012 年前 7 个月，人民币贷款累计增加 5.4 万亿元，人民币存款增加 6.88 万亿元，这意味着前 7 个月增量的存贷比为 78.5%（徐以升，2012）。在以间接融资为主的融资结构下，如果经济环境要求设定一个较高的法定存款准备金率，那么贷款转换为存款就会有较大的漏损，导致贷款增加的存款也将不足。窦郁宏（2000）认为，贷款的受限以及货币乘数的下降，使贷款创造存款的效应减弱，促使存贷比创新高。所以有争议认为原来大部分商业银行存贷比低于 75% 是由于外汇占款的"功劳"，那么当外汇占款降低的时候，存贷比也应适时放松要求甚至取消。

（三）存贷比是否导致监管套利

2012 年 10 月末，贷款同比增长 15.9%，存款同比增长 13.3%。银行存款增长率连续低于贷款增长率，其累积效应会迫使存贷比 75% 的上限无法维系。法定存款准备金率越提越高，2011 年高达 21%，银行资金全面趋紧（徐以升，2012）。相关争议认为，如果存贷比监管指标不放松，则当多数商业银行接近存贷比上限时，为了逃避监管存在出现监管套利行为的动机。即人为地采用技术手段降低存贷比。即不是通过降低贷款量或者增加存款量，而是采取财务手段进行监管套利降低存贷比。因为存贷比上限的作用是促进增加流动性资产，增强存款中的核心存款，但是对于商业银行来说意味着收益性的损失，商业银行对此存在抵触。接近存贷比红线的银行为了多进行贷款很可能通过财务手段粉饰存贷比。虽然大型银行的存贷比并没有逼近红线，但是为了向市场投资者释放流动性良好的信号，其也存在粉饰存贷比的动机。

粉饰存贷比只有两种方法，降低分子（减少贷款）或者增加分母（增加存款）。但是，增加存款在目前我国商业银行激烈的同质化竞争中不是一件易事，更不容易在数字上进行粉饰。在这种情况下，如果存在监管套利行为，则降低分子成为唯一的途径。降低分子的办法有很多，例如表内业务转移至表外，通过同业合作转移贷款等。基于数据的可得性等原因，本节选取的研究角度是商业银行是否应用贷款损失准备的计提对存贷比进行粉饰。如果银行通过贷款损失准备粉饰存贷比，则同粉饰资本充足率的方法类似（翟光宇和陈剑，2011），如果商业银行想降低存贷比，则可以通过多计提贷款损失准备金降低存贷比分子实现此目的。即在控制其他变量后，贷款损失准备与存贷比呈负相关关系，具体分析过程见实证分析部分。

综上所述，理论部分对存贷比监管指标给出了争议的定性分析，实证部分将沿着理论部分的思路，对存贷比衡量流动性效果、对宏观调控效果及是否存在粉饰存贷比行为进行定量分析。

四 实证分析

（一）存贷比与流动性管理

为了分析存贷比对商业银行流动性衡量的有效性，本节对我国14家上市商业银行[①]的存贷比季度数据与体现商业银行流动性的指标进行对比。正如理论部分分析，商业银行的流动性可以从资产和负债两方面进行分析。因此本节选取体现资产流动性的现金及中央银行存款与总资产之比、核心存款（活期存款、活期储蓄存款、定期存款、定期储蓄存款）与总负债之比两项指标。因为现金及中央银行存款是商业银行流动性最好的资产，因此其占总资产比例越高代表该商业银行资产流动性越好。存款作为我国商业银行最重要的资金来源，其占总资产比例越高，代表该商业银行资金来源越稳定、流动性越好。本节选取14家上市银行2007—2012年的季度数据对存贷比与上述两项指标进行对比，数据来源为各商业银行公布的季度财务报告。存贷比越高代表流动性越差，而现金及央行存款/总资产、存款/总负债越高代表流动性越好。因此，若存贷比对流动性的衡量效果显著，则各商业银行的存贷比与现金及央行存款/总资产、存款/总负债这两项指标的趋势应该相反。反之，如果趋势相近，则说明存贷比衡量商业银行流动性的效果不显著。图6-24至图6-51为各上市银行的几项指标趋势图。其中主坐标轴（左侧）为存贷比的数值，次坐标轴（右侧）为现金及央行存款与总资产的比值、存款与总负债的比值。

观察图6-24至图6-51，我们可以发现除个别银行的个别季度，多数银行的存贷比与现金及央行存款/总资产、存款/总负债的趋势相反。即当存贷比处于高位时，现金及央行存款/总资产、存款/总负债处于低位；反之亦然。这说明用存贷比衡量商业银行的流动性效果具有一定的说服力。本节还选取商业银行季报公布的流动性资产比例作为指标与存贷比进行对比，其结果也与上述结果类似。[②]

[①] 光大银行和农业银行因为上市较晚，时间序列有限，因此没有包含在样本中。
[②] 限于篇幅有限，没有将其列入文中。

第六章 市场约束的条件及博弈

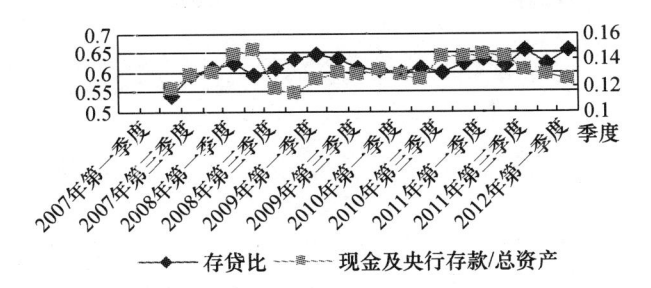

图6-24 北京银行存贷比与流动性资产比例

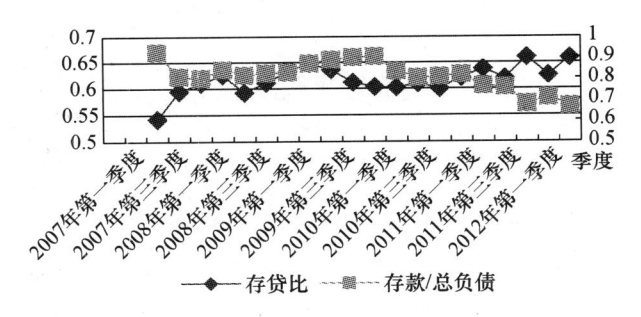

图6-25 北京银行存贷比与核心存款比例

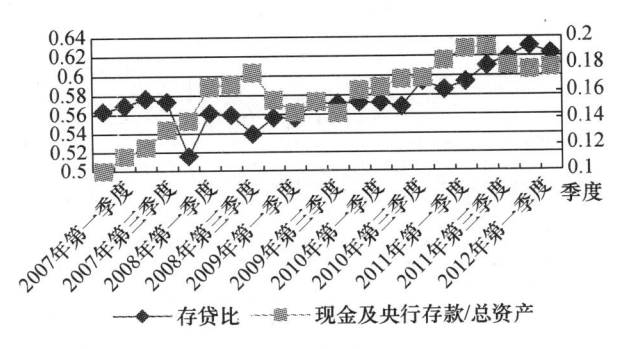

图6-26 工商银行存贷比与流动性资产比例

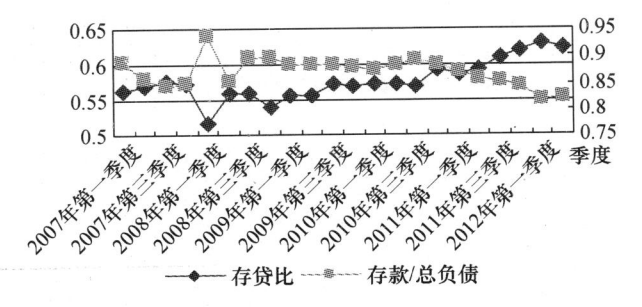

图6-27 工商银行存贷比与核心存款比例

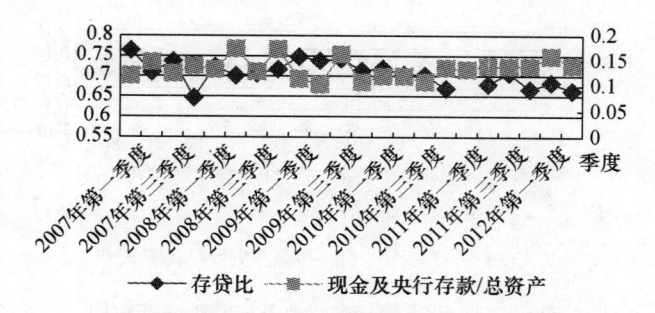

图6-28 华夏银行存贷比与流动性资产比例

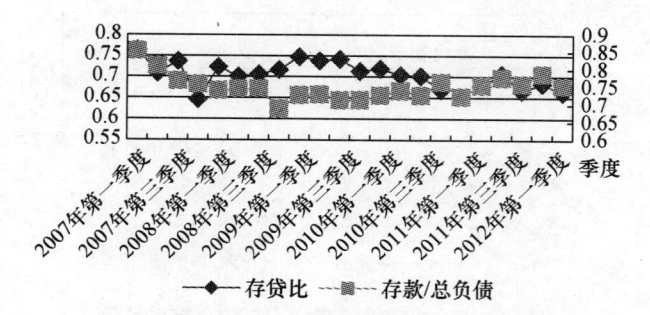

图6-29 华夏银行存贷比与核心存款比例

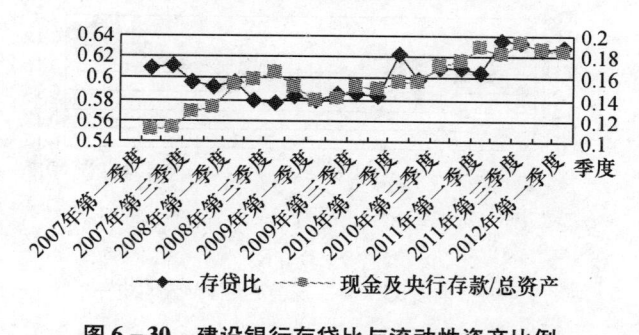

图6-30 建设银行存贷比与流动性资产比例

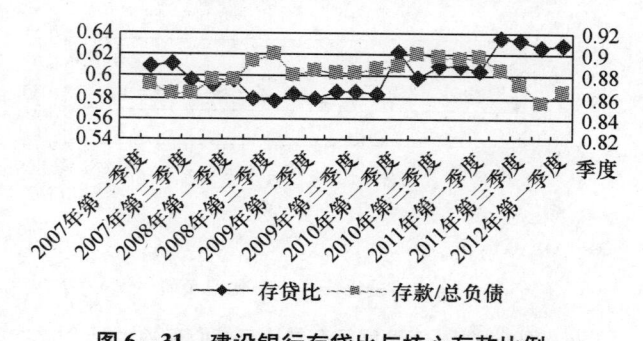

图6-31 建设银行存贷比与核心存款比例

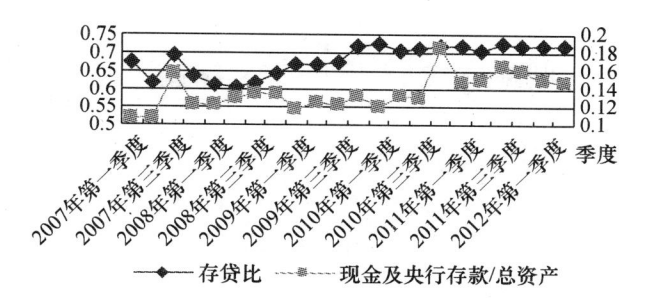

图 6-32　交通银行存贷比与流动性资产比例

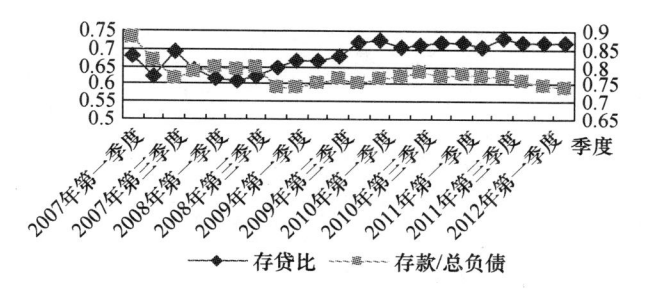

图 6-33　交通银行存贷比与核心存款比例

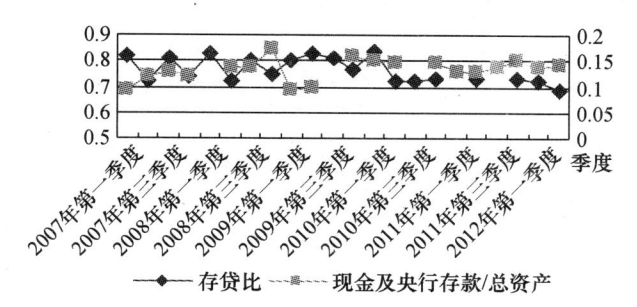

图 6-34　民生银行存贷比与流动性资产比例

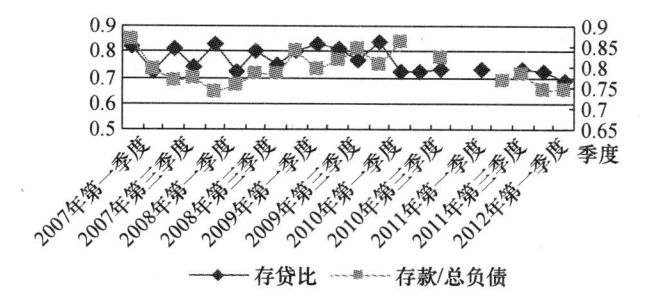

图 6-35　民生银行存贷比与核心存款比例

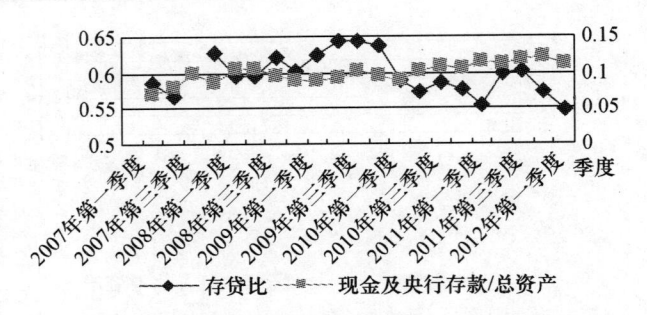

图6-36 南京银行存贷比与流动性资产比例

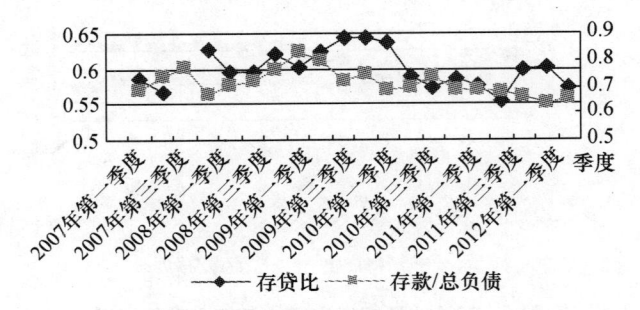

图6-37 南京银行存贷比与核心存款比例

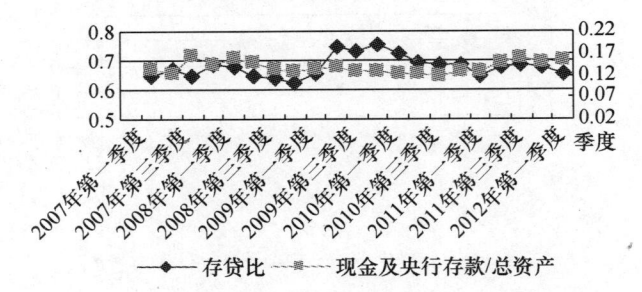

图6-38 宁波银行存贷比与流动性资产比例

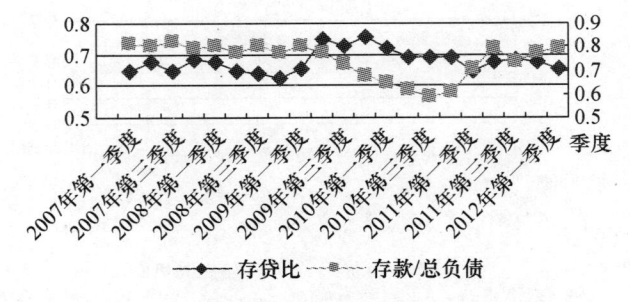

图6-39 宁波银行存贷比与核心存款比例

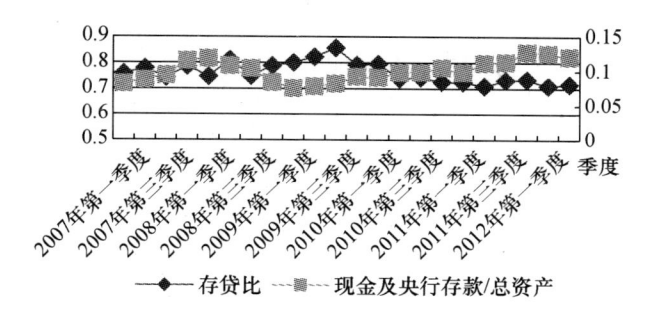

图 6-40 平安银行存贷比与流动性资产比例

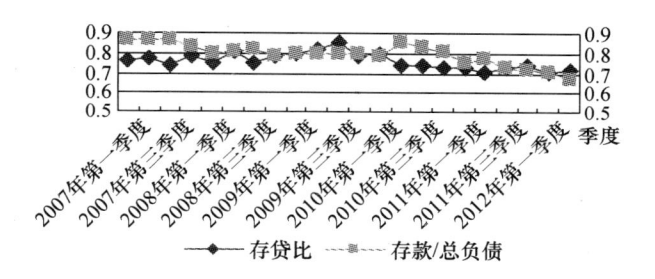

图 6-41 平安银行存贷比与核心存款比例

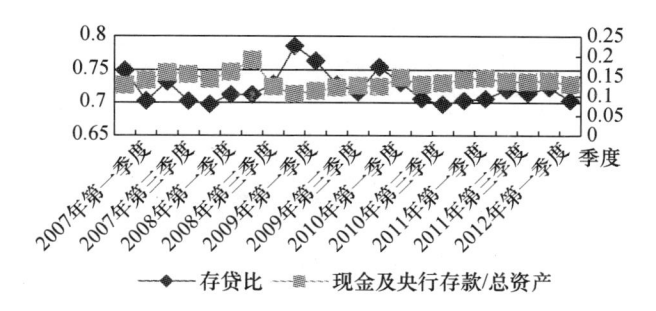

图 6-42 浦发银行存贷比与流动性资产比例

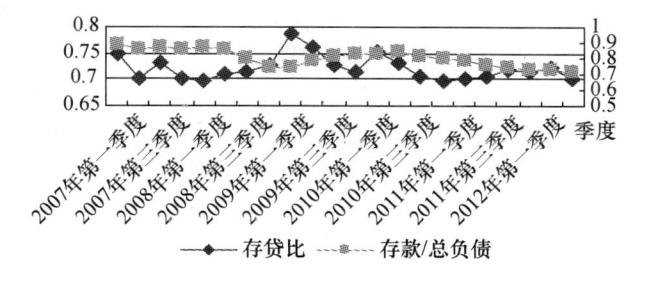

图 6-43 浦发银行存贷比与核心存款比例

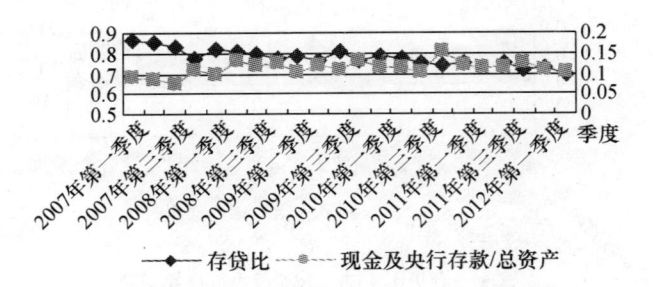

图 6-44 兴业银行存贷比与流动性资产比例

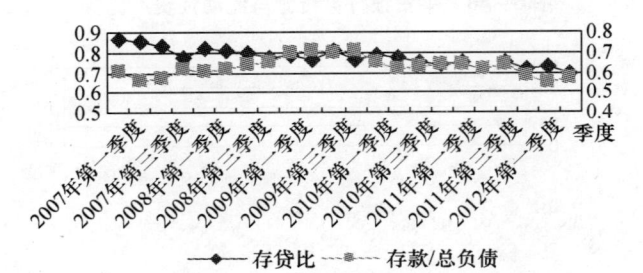

图 6-45 兴业银行存贷比与核心存款比例

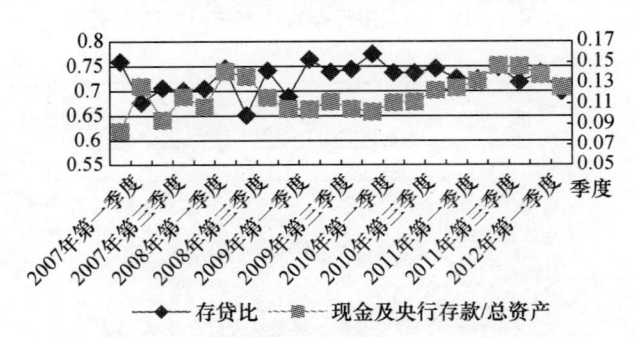

图 6-46 招商银行存贷比与流动性资产比例

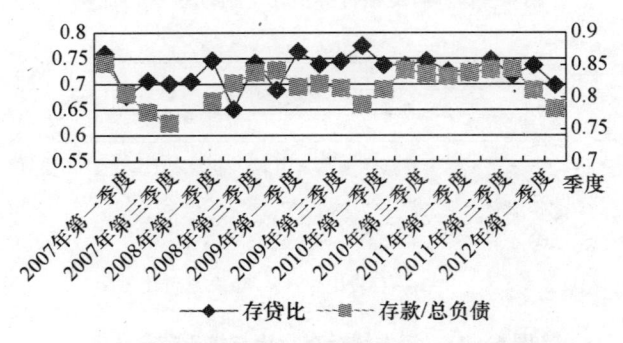

图 6-47 招商银行存贷比与核心存款比例

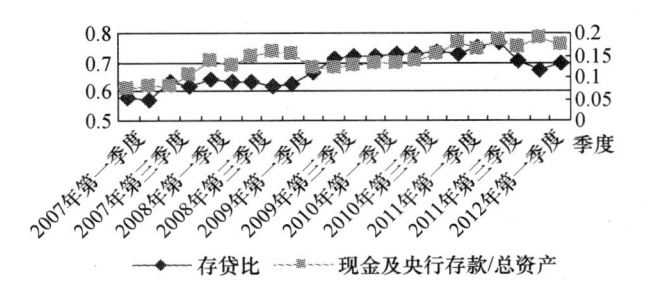

图 6-48　中国银行存贷比与流动性资产比例

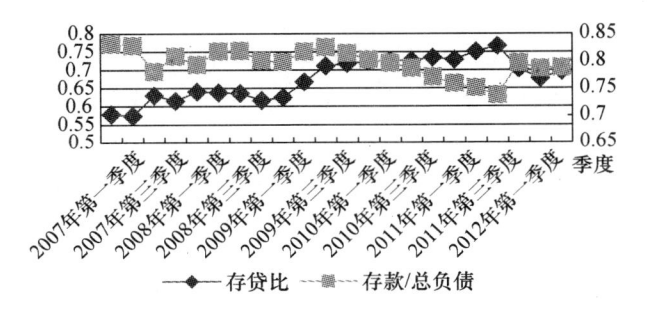

图 6-49　中国银行存贷比与核心存款比例

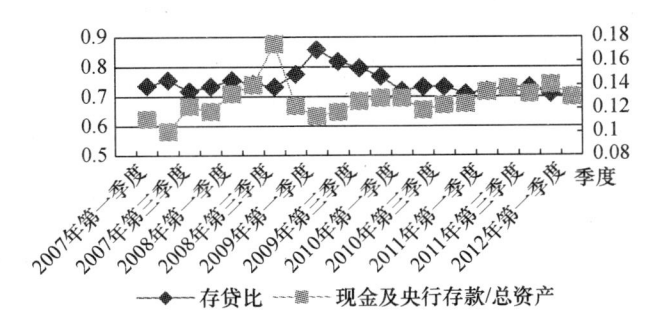

图 6-50　中信银行存贷比与流动性资产比例

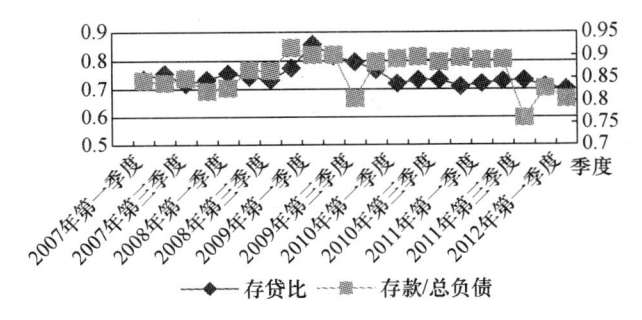

图 6-51　中信银行存贷比与核心存款比例

(二) 存贷比与宏观调控

理论分析中已经阐明存贷比在宏观经济调控中发挥作用的机理。本节认为存贷比在宏观调控中的效果判断依据是贷款余额与货币供应量的关系，因为存贷比是通过控制贷款余额间接影响货币供应量。如果贷款余额占货币供应量之比稳定，则说明通过控制贷款余额控制货币供应量作用良好，进而说明存贷比指标宏观调控作用显著。事实上，存贷比发挥宏观调控作用已经超越了存贷比指标本身，问题的核心是货币供应量与信贷余额的关系问题。本书从 Wind 数据库中选取贷款余额与 M2 余额的时间序列数据进行对比，结果如图 6-52 所示，上方曲线代表 M2 余额，下方曲线代表贷款余额，纵轴货币单位为亿元。我们可以发现贷款余额与 M2 余额差距日渐增加，即贷款余额占 M2 的比例越来越小。造成这种现象的原因是随着我国金融市场的发展，金融脱媒现象日渐增长，其中融资渠道的快速演进是一个重要的因素，社会融资需求将不只依赖于银行。图 6-52 说明，贷款与 M2 的相关性近年来在减弱，即监管当局希望借助约束存贷比进而控制贷款规模以达到控制货币总量目标的实现将越来越困难。这说明存贷比宏观调控的作用机制将越来越弱，正如货币政策的数量工具与价格工具适用的经济发展阶段不同，本书认为，在我国金融市场加快发展的今天，应重新审视存贷比的宏观调控作用。

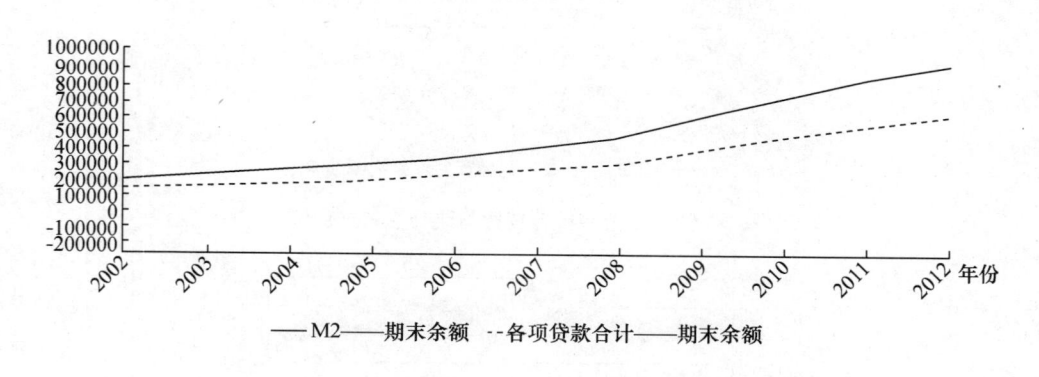

图 6-52 贷款余额与 M2 余额

(三) 商业银行粉饰存贷比了吗

商业银行为了盈利，常常有增加贷款规模的冲动，但是，吸收存款又面临激烈的同业竞争，那么在这种情况下，商业银行可能存在粉饰存贷比的激励。如果越来越多的银行逼近存贷比的75%限制，可能促使商业银行转向多种逃避管制的措施。由于存贷比是用贷款余额比存款余额，即贷款的账面价值比存款的账面价值。资金来源紧张的小银行为了达到监管标准，存在激励降低存贷比数值。大型银行虽然没有逼近存贷比红线，但是为了通过低的存贷比数值向市场投资者显示其良好的流动性，也不能排除其粉饰存贷比的激励。那么在无法增加分母数值（存款余额）的情况下，商业银行也许会选择在数值上人为地降低分子（贷款余额）。因为商业银行资产负债表中的贷款余额是贷款总额减去贷款损失准备。因此，如果当期贷款规模过大，商业银行存在多计提贷款损失准备的激励。为了验证我国上市商业银行是否存在这种粉饰存贷比的行为，本节设定以贷款损失准备/总资产为因变量，存贷比为主要解释变量的面板计量方程进行实证分析。如果商业银行存在粉饰存贷比的行为，则当期存贷比数值高的时候，应多计提贷款损失准备，即贷款损失准备/总资产数值高。也就是说存贷比与贷款损失准备/总资产呈正相关关系。如果存贷比与贷款损失准备/总资产没有呈现显著的正相关关系，则不能说明我国上市的商业银行利用贷款损失准备粉饰存贷比的行为。计量方程设定如（6-8）式所示。

$$llp_{it} = constant + \alpha_1 loadep_{it} + \alpha_2 cap_{it} + \alpha_3 npf_{it} + \alpha_4 loan_{it} + u_{it} \quad (6-8)$$

llp_{it}是贷款损失准备/总资产，$loadep_{it}$为存贷比。为了分析上市的商业银行是否存在粉饰存贷比的行为，$loadep_{it}$没有选取各商业银行财务报告中公布的存贷比。因为如果存在粉饰行为，公布的存贷比已经是粉饰后的结果，对计量分析无效。本书收集各商业银行财务报告中的贷款总额和存款总额初始数值，经过计算得出$loadep_{it}$。该数据样本更加真实地反映出各商业银行各时期面临的存贷比压力。如前文所述，如果商业银行存在粉饰存贷比的行为，则$loadep_{it}$的回归系数α_1应该显著为正，如果不显著为正则不能说明在贷款损失准备的角度上，商业银行存在粉饰存贷比的行为。

控制变量为资本充足率cap_{it}、不良贷款率npf_{it}、贷款余额/总资产$loan_{it}$。因为贷款损失准备分为一般风险准备、专项准备及特种准备。一般风险准备金可以计入商业银行的附属资本，因此在资本充足率出现不足的时候，商业银行可以通过多计提贷款损失准备起到补充资本的作用。如果当期资本充足率高，商业银行会对贷款损失准备减少计提；如果当期资本充足率低，商业银行会多计提贷款损失准备。即贷款损失准备/总资产与资本充足率成反比，α_2的期望符号为负。随着不良贷款率和贷款规模的提高,为了加强风险管理,商业银行按照监管要求会选择多提贷款损失准备。而且银监会已经对商业银行贷款损失准备金占贷款余额的比例实施动态管理,贷款损失准备的覆盖率原则上不低于2.5%(马蔚华,2010)。因此贷款损失准备/总资产的值与不良贷款率和贷款规模成正比,即 α_3 和 α_4 的期望符号均为正。计量方程变量的描述性统计如表6-6所示。① 从表6-6我们可以看出,如果按照贷款总额计算存贷比,股份制商业银行的存贷比均值已经接近监管红线。上市的商业银行资本充足率均值已经达到12%,不良贷款率的均值在2%以下。贷款在商业银行总资产中依然处于主导地位。本节用Stata10.1对样本数据进行面板数据回归,计量结果如表6-7所示。

表6-6 变量的描述性统计

变量	全样本 均值	全样本 标准差	全样本 样本	国有商业银行 均值	国有商业银行 标准差	国有商业银行 样本	股份制商业银行 均值	股份制商业银行 标准差	股份制商业银行 样本
llp	0.0109	0.0030	255	0.0125	0.0015	78	0.0108	0.0033	125
loadep	0.7060	0.0729	264	0.6620	0.0735	79	0.7543	0.0425	133
cap	0.1206	0.0268	254	0.1258	0.0079	84	0.1067	0.0177	124
npf	0.0147	0.0421	272	0.0165	0.0073	81	0.0160	0.0592	136
loan	0.5122	0.0681	298	0.5029	0.4290	87	0.5472	0.0625	150

表6-7 计量方程的估计结果

变量	全样本 固定效应	全样本 随机效应	国有商业银行 固定效应	国有商业银行 随机效应	股份制商业银行 固定效应	股份制商业银行 随机效应
loadep	-0.0172*	-0.0193**	-0.0074	-0.0067	-0.0204*	-0.0253**
cap	-0.0081	-0.0094	0.0170	-0.0036	-0.0769	-0.0742*
npf	0.0106	0.0104	0.0736	0.0940*	0.0089*	0.0082*
loan	0.0260***	0.0266***	0.0148**	0.0105	0.0209*	0.0231***

说明:***、**、*表示在1%、5%、10%置信水平下显著。

从表6-7中我们可以发现,无论是全样本数据还是国有商业银行及股份制商业银行,$loadep_{it}$ 的回归系数 α_1 均不显著为正,全样本及股份制

---

① 本样本国有商业银行包括中国工商银行、中国建设银行、中国银行和交通银行。

商业银行的回归系数还呈现出显著为负的情况。从总体上讲，上市的商业银行对贷款损失准备的计提并没有因存贷比数值高而增加。因此说明，从贷款损失准备的提取角度上，目前上市商业银行总体上尚不存在粉饰存贷比的监管套利行为。

五 结论和政策建议

本节针对近期存贷比的争议，对存贷比衡量商业银行流动性的效果、宏观经济的调控作用，以及商业银行面临监管压力的时候是否采取粉饰存贷比的监管套利行为进行分析。本节选取上市商业银行存贷比与能体现其资产流动性和负债流动性指标，现金和央行存款/总资产，存款/总负债进行对比发现，存贷比数值在多数上市银行及多数时间段内与上述两个指标趋势相反，说明存贷比在衡量商业银行流动性方面，具有一定的说服力。在对宏观经济调控的效果上，本节选取贷款余额与货币供应量 M2 进行对比，贷款余额与货币供应量的相关性逐年减弱，证明依靠存贷比进行贷款规模限制进而调控通胀的方法具有不可持续性。在检验商业银行是否存在粉饰存贷比的监管套利行为方面，本节选取商业银行贷款损失准备角度进行计量，结论表明上市商业银行目前总体上并不存在该种监管套利行为。

经过理论及实证分析，本书认为，尽管存贷比监管指标面临种种争议，例如前文提到的商业银行间的恶性竞争，容易引发高息揽储等现象（存贷比上限监管隐含着商业银行各类资金来源中，只有存款才可以发放贷款。因为商业银行通过发债来筹集的资金不能用于直接放贷，所以迫使所有商业银行都拼命揽储。而获取存款的必要途径是多设网点，导致大小银行都在拼机构）。但是这些现象并不是由于存贷比监管带来的必然结果。即便存贷比监管指标放松，由于我国商业银行的同质化竞争、小银行业务单一等情况，高息揽储等恶性竞争还会存在。而且本节的结论表明，存贷比在刻画银行流动性方面，依然发挥其应有的作用。本书认为，存贷比压力越来越大的原因确实有一部分是源于外汇占款对存款的释放能力减弱。因此本书建议监管当局应谨慎对待存贷比争议，不应轻易否定其在衡量流动性及对宏观金融调控方面的贡献。至于是否放松存贷比监管标准，例如扩大商业银行存款的统计范围，对分子贷款范围做些扣除，是否将其转为监测指标要综合考虑今后的宏观金融形势而谨慎抉择。本节的不足在于刻画商业银行流动性和存贷比监管套利行为选取的研究角度有限，例如表内资产转移至表外等监管套利行为没有研究，何种原因导致存贷比与现金及央行存款/总资产、存款/总负债相关性之高等,这也将是以后的研究方向。

第四节 外部环境对市场约束的影响

本节将论述外部环境对市场约束的影响。前文已经论述市场约束有效需要满足的前提之一为:商业银行利益相关人可以对这些风险信息做出正确的评价,并根据自身情况进行选择。但遗憾的是,在现实生活中的很多情况下,商业银行利益相关人往往不能对商业银行的风险作出正确评价。除了信息取得的困难性外,利益相关人会因为某些外在因素改变自己对风险的预期。例如第三章论述的存款人会因为商业银行形成"大而不倒"的预期,从而忽略对商业银行的风险关注。那么,究竟哪些外在因素能够改变商业银行利益相关人的预期,进而影响市场约束的发挥,本节将对此问题进行论述。[①]

一 隐性保险对市场约束的影响

(一)理论分析

隐性保险是指国家从未公开声明或者以相关法律、行政政策表明过,当商业银行出现破产危机时,政府会对其实行救助。但是政府却在实际行动中对问题银行进行了类似于救助的行动。我国目前的情况正是处于隐性保险的状态。例如对国有商业银行的屡次注资以保证其资本充足率充足,帮助四大行剥离不良资产,对海南发展银行的接管等。再加上四大行的控股股东是中央汇金公司和财政部,股份制商业银行的大股东也很多为国有企业,因此对于商业银行的债权人普遍形成了隐性保险而且为完全隐性保险的预期。即商业银行债权人普遍认为我国商业银行不会破产,即便破产国家也会动用财政或其他手段予以救助,从而认为自己的资产不会因为商业银行的风险而可能受到丝毫的损失。在这种情况下,也就意味着在商业银行债权人存在强烈的隐性保险预期时,市场约束作用会被减弱甚至是无效。本书第三章的实证分析也证实了这一点。

[①] Llewellyn 等(2003)将影响市场约束的外部制度因素分为结构性因素和政策性因素两大类。结构性因素包括:缺乏有效的信息披露、国有银行的大量存在和低效的金融市场。政策性因素包括"大而不倒"的政策、覆盖全部的存款保险等。

虽然隐性保险可以以少量成本（例如商业银行的资本充足率可以偏低）达到稳定银行体系安全的目的，但是一旦风险聚集到爆发的时候，国家的财政负担是巨大的，而且社会成本还远不止救助商业银行的注资。采用隐性保险的国家主要为金融市场化进程不高、资金比较缺乏的发展中国家，以中国、俄罗斯为代表（李红坤，2008）。因为这些国家金融业不成熟，金融工具少，国家金融过度依赖银行系统，政府通过控制商业银行实现资金流向的控制。那么，由于政策性负担，这些商业银行可能出现经营业绩差的情况，而正是国家用隐性担保保证了商业银行乃至金融系统的稳定。那么随着我国金融业的逐步成熟，鉴于隐性保险对市场约束的削弱作用和加强金融系统的市场竞争，隐性保险的退出机制值得研究。一旦退出，会不会引起金融系统的风险波动，这些都是需要慎重考虑的问题。

（二）以"11 超日债"为例

2014年3月4日晚，*ST 超日董事会发布公告："11 超日债"本期利息无法在原定付息日 2014 年 3 月 7 日按期进行全额支付，理应支付利息 8980 万元难以进行全额兑付，仅能够按期支付人民币 400 万元。这意味着"11 超日债"正式宣布实质性违约，其也成为中国首例公募违约债券，彻底打破了我国债券市场刚性兑付的不灭神话。虽然"11 超日债"的信用风险去年就已经开始显现，市场对其违约也有一定的预期。但是消息传来，利空情绪依然弥漫，公司债价格指数跌幅创 4 个月新高。据《中国证券报》报道，山东金晶科技、西宁特钢等多家企业推迟或取消原定的融资计划。

新中国债券发展自 20 世纪 80 年代起步以来，信用债市场始终没有出现实质性违约，几次"个别企业兑付风险"也都化险为夷。但是这种"零违约"的现象是资本市场不成熟的体现，不仅不符合资本市场发展的一般规律，也不利于资本市场的长期发展。"零违约"现象背后体现的是资产定价没有遵从市场规律，投资者对政府隐性担保预期强烈，这也使得诸多研究我国债券市场信用风险定价的学术论文理论假设前提根本不成立。但是，客观地讲，任何市场的发展都不可能一蹴而就，同我国其他经济改革一样，债券市场的发展同样遵循渐进式特征。我国信用债券占债券市场总体规模较小，企业在债券市场融资门槛较高，这使得信用债早年的发行主体以高资质、高信用的企业为主，因此违约风险较小。而且金融危机前我国经济正处于高速发展阶段，大环境决定企业经营状况较好。这是

"零违约"的客观原因。但是随着经济的发展，发债主体的微观结构和宏观经济形势都在变化。宏观经济增速下滑，产能过剩依然严重，信用债规模扩大，企业资质开始下降，"钱荒"等事件彰显了以央行为代表的政府态度已经发生微妙变化，流动性从今以后或许更加尊重市场的选择。这些都说明，投资者的态度必须与时俱进，必须彻底改变政府隐性担保的刚性预期，而应建立以"市场约束"为主的投资选择理念。

"市场约束"的理念源于《巴塞尔协议》对银行监管的"第三支柱"。市场约束的广义内涵可以拓展为借助市场的力量，监督和淘汰高风险的融资企业。但是需要重视的是：市场约束发挥作用的前提不仅需要成熟理性的投资者，还需要信息披露的有效性。而信息披露除了上市公司自愿披露（信号显示）之外，必须需要法律法规强制资本市场的信息公开。"11超日债"事件除了关注其违约本身的新闻性之外，我们还应该从事件中得到一些教训。例如，*ST超日2012年4月17日发布业绩修正公告时，把2011年度业绩快报预测的盈利8347.46万元，修正为2011年亏损5852.88万元。4月底是年报披露的截止期，*ST超日的业绩快报修正公告此时到来，难逃掩盖真相之嫌，而且数据变化之大令人慨叹。正所谓有第一次就有第二次，公司2012年第三季报中预计2012年度扭亏为盈，净利润为1000万—3500万元，但在2013年1月发布公告又修正为巨额亏损。如此时间节点和数据的大幅修正，即便符合相关法规，即便公司确实因为面对风雨突变而导致修正，依然说明在信息披露质量的问题上，我国资本市场还有很长的路要走。

市场约束的发展看似强调市场力量的成熟，但实际上市场约束的发展与官方监管并不矛盾，而且需要政府某些政策的支持推进。例如保证对融资者和投资者均相对公平的交易环境等。近期中央政府的多项改革决定均彰显新一届政府进一步推进市场化发展的决心。例如进一步发展利率市场化、推进审批制向注册制转变等。但是在推进多项市场发展改革的同时，仍需要政府帮助完善市场约束机制。除了完善信息披露制度以方便投资者选择之外，还应建立积极的风险应对措施：一方面推动担保、信用增级，推动评级机构的独立和完善，对保荐机构保荐不当进行追责；另一方面发展信用风险对冲工具，为信用债投资者提供管理风险的机制，这样才能尽量避免金融系统性风险的产生，从而促进我国债券市场的进一步发展。

我国信用产品历经多年发展，经济周期、行业景气程度的变化、企业微观主体的变化都将进一步清晰地体现在市场交易之中。实际上，企业负债的违约每天都在发生，"11 超日债"只是捅破了公募债券刚性兑付的神话而已。也许不远的将来，某商业银行的倒闭、地方债务的违约、资产泡沫的瞬间刺破都会成为我们必须面对的现实。金融市场的发展原本就是优胜劣汰的过程，而市场化改革对投资者和金融中介机构都是巨大的考验。债券市场会进一步扩容，发行主体的情况也必将越来越复杂。唯有加强信息披露机制，发展更加独立客观、理性的风险评级等市场约束机制的完善，才能使我国债券市场得到良性的发展。

二 存款保险制度对市场约束的影响

探讨存款保险制度的文献屡见不鲜。存款保险制度也称为显性存款保险。一般是指为了保护存款人的利益以及维护金融体系的稳定，国家通过法律手段正式建立了对商业银行的存款进行保险的制度，且设立专门的保险机构负责。存款保险制度从建立的那天起就饱受争议。支持的一方指其减弱了商业银行的传染危机，从而起到稳定金融体系的作用。反对的一方指其加剧了商业银行的道德风险，纵容了商业银行从事高风险贷款的偏好。存款保险制度对市场约束有效性的影响也是削弱的。尽管很多存款保险制度都是部分存款保险，但是仍然会减弱存款人对商业银行风险的市场约束监督。一般认为，市场约束的减弱是施行存款保险制度的成本之一。

关于探讨我国是否应该建立存款保险制度的文献有很多。多数文献倾向于尽快建立存款保险制度。本书认为，建立存款保险制度是银行业走向市场化竞争的必然趋势。但是就我国目前的情况来看，保险机构是否已经做好准备？混业经营的监管是否已经成熟？突然建立存款保险制度会不会引发金融系统的存款波动？一旦发生公众的信任危机，国家的隐性担保是否还会发挥作用等都需要我们谨慎起见。我国的经济改革之所以比较富有成效，很大程度上源于我国的渐进式改革，因此在建立存款保险制度上还是应该谨慎从事。例如，马草原和李运达（2010）认为，中国银行业存在的股权结构的特殊性，造成了广大公众非常严重的"大而不倒"、"规模偏好"的预期，如果马上实行存款显性保险制度，可能会更加异化市场约束作用，而且可能会导致我国商业银行更加不公平的竞争。

三 中央银行政策对市场约束的影响

中央银行如果对各商业银行实施的政策不一致，会影响市场预期，从而影响市场约束。例如，如果央行对不同的商业银行要求不同的准备金，那么会引发市场对央行用意的猜测，从而影响市场的选择。央行的公开市场操作选择的不同的交易对手、不同的价格都会引发市场的猜测，从而影响市场约束的导向。再比如央行调查反洗钱工作的力度、广度信息如果足够公开，也一定会引发市场的猜度。银监会成立后，央行主要行使货币政策的职责，监管作用有所减弱。但是央行依然是官方监管重要的一员，官方监管对市场约束的作用影响非常之大，本书前面部分已经有所论述。因此央行在日常监管工作和行使货币政策职责时，除了对各行应赏罚分明还要注意其对市场约束的影响，正确引导市场预期。

时下讨论最激烈的要数央行对利率市场化的施行。利率市场化是一国金融系统市场化的重要标志之一，也是践行市场约束的重要里程碑。周小川行长已经明确指出，"十二五"期间要推行利率市场化。本书认为，利率市场化的推行一定也是渐进式的改革。但是一旦施行利率市场化，市场约束的作用会更加明显。实力强的商业银行不会提高借款的收益率，实力差的商业银行必然要被提高风险溢价。市场约束主体会比以往更加关注商业银行的经营风险及经营业绩。因此本书认为，渐进式施行利率市场化对我国来说是当前的可行道路。但是对如何实现利率市场化，分几步施行，在何地先开始改革试点，央行采取何种策略保证利率市场化的正常运行等问题，限于本书的篇幅和研究的重点，本书不进行讨论。

本章小结

本章主要论述了市场约束受到周围环境怎样的影响，以及面对市场约束的反应商业银行会进行哪些相应的博弈。第一节论述了信息披露与市场约束的关系，加强信息披露促进市场约束的有效性。第二节论述了如果存在市场约束，或者市场约束预期，商业银行会做出盈余管理和监管资本套利的博弈。盈余管理、流动性管理和监管资本套利为商业银行与市场约束主体的博弈之一，并且在我国已经初露端倪。第三节论述了外部环境对市场约束的影响。简要地分析了银行业的安全网（隐性担保、显性存款担保）对市场约束的影响，以及央行政策和利率市场化对市场约束的作用。

本章的主要结论和观点为：信息披露是市场约束有效的必要条件。因此不仅要加强强制信息披露，也要鼓励商业银行进行自愿信息披露。在加强信息披露的建设上逐步加强披露内容的实质内容，而不仅仅局限于真实性与及时性等基本条件。商业银行面对市场约束会做出一定的博弈，在我国这种现象虽然不明显，但是已经存在。国家的隐性担保会在一定程度上减弱市场约束的作用。中央银行政策会对市场约束起到一定的调节作用，推进利率市场化将很可能成为加强市场约束有效性的重要契机。

第七章　对我国践行市场约束的思考

前面几章从理论上论述了市场约束的内涵及市场约束的重要性，分别对市场约束的主体进行了其行为选择的探讨，并对我国的实际情况进行了实证分析。但是，一个好的经济理论的判断标准之一即是其是否可以服务现实。那么，就我国目前的情况，对商业银行的监管是否有必要重视市场约束？如果有必要，如何在我国践行市场约束？等等，是本章要进行论述的内容。

第一节　市场约束在我国目前的发展概述

本书前几章已经对我国市场约束的实际情况进行了理论和实证分析。无论是存款人还是次级债持有人都没有对商业银行进行有效的市场约束。只有股东股票交易构成了对商业银行的市场约束。因此，从总体上说，我国的市场约束效果比较弱，或者说在我国还没有形成市场约束的预期，广大公众没有形成对商业银行的风险危机意识。

以我国目前的金融发展状况来看，我国依然是一个"金融弱国"（夏斌和陈道富，2011），我国的商业银行体系依然留存着计划、行政干预的强烈色彩。从市场约束主体情况来看，存款利率没有市场化，国家又为商业银行提供隐性担保，所以广大存款人风险意识很差，甚至认为商业银行永远不会倒闭。次级债多为商业银行为了补充资本金而相互持有，而且由于我国没有形成成熟的次级债交易市场，发达国家的次级债收益率等市场约束指标无法在我国得到发挥。从股东的角度来看，外资的引入、不同行业的企业参股也许在一定程度上起到了控制商业银行风险的作用。但是，不可置否的是，我国商业银行业占统治地位的四大行的绝对控股权依然掌握在国家层面，虽然这对国家的金融安全起到了很大的作用，但是也在一定程度上造成了委托人不明确的弊端，无法有效地监督经营者。如果再算上参股的国有企业，我国银行业的国有性质非常明显，包括城市商业银行、全国性股份制商业银行，都存在委托—代理的问题。

从信息披露的角度来看，我国商业银行的信息披露已经呈现良好的发展态势，其中上市的16家商业银行能够做到按季度公布自身的财务报告和经营管理情况，并通过自身的网站向公众公布。其中多数的上市商业银行不仅公布了银监会要求的基本财务情况，也对公司治理、宏观环境等风险内容进行了自身的披露和分析。但是我国商业银行的信息披露也有很多不完善的地方，如城市商业银行的信息披露往往比较差。商业银行多是强制披露信息，自愿披露信息差。例如，作为信息化时代的产物，微博在信息披露上拥有其独到且强大的优势。那么我国商业银行在信息披露方面是否充分利用了微博呢？通过新浪微博搜索，截至2011年7月，在我国上市的十几家规模比较大的商业银行中，四大国有控股银行没有建立官方微博。招商银行、华夏银行、宁波银行、光大银行、中信银行总部营业部建立了官方微博。开通官方微博的上市银行在所有上市银行的占比并不高。而且开通官方微博的上市商业银行也并没有通过其进行有效的信息披露。点击上述银行的官方微博可以发现其微博除了个别介绍银行的产品，大部分微博涉猎的是新闻领域，甚至还发布很多生活感悟。说明微博的信息传递功能并未引起我国商业银行足够的重视。这也可能与上述商业银行已经建立功能相对完备的官方网站有关。其公布的年报等重要的财务数据往往选择其网站而不是微博。造成这种现象的原因可能有两个：一是监管当局只强制要求上市商业银行通过网站披露财务数据，而不是通过微博披露；二是我国商业银行的主动披露信息意愿不强。因此我国商业银行的信息披露的发展依然任重道远。

从市场约束的第三方角度来看，我国的财经媒体独立性不强。个别媒体甚至在利益的诱惑下可以刊登一些存在利益往来的上市公司正面报道，删去负面新闻。在选择专家文章的时候也会有所侧重地选择其观点。官方媒体又受制于政府，而且财经记者及编辑的风险预见能力到底有多强尚值得商榷。因此我国的媒体监督功能还很薄弱。我国的信用评级机构更是有所欠缺。商业银行的信用评级机构发挥作用的基本要求是独立、公正、客观地向投资者提供有关商业银行的风险情况。解决投资者和商业银行之间的信息不对称，只有这样，才能充分发挥信用评级机构的作用，有助于市场约束主体施行有效的市场约束。但遗憾的是，我国信用评级机构发挥的作用比较有限。首先，我国商业银行的评级工作起步较晚。因为我国商业银行主要的业务是存贷款，商业银行在资金来源上往往特别重视存款，商业银行在资本市场上发行债券的资金来源往往不及存款重要，因此可能不重视评级机构的证券评级。其次，再加上我国商业银行的国有性质，贷款人往往也不注重商业银行的流动性等经营风险，也因此不重视评级机构对商业银行的评级，因此没有对评级机构形成所谓的业务激励。各地方评级各自为政，甚至带有地方保护主义色彩。所以，我国迄今没有一个权威的、令人信服的信用评级机构。不过，随着我国金融市场的逐步深化，促进信用评级机构的商业化、市场化发展是必然趋势。

因此从本书的分析来看，我国商业银行的市场约束可以说比较微弱。

第二节 我国发展市场约束的必要性

金融的脆弱性的原因之一是金融具有自我预期的实现。实事求是地讲，我国公众从前对商业银行危机意识淡薄在一定程度上避免了商业银行危机的发生。事实上，我国商业银行由于计划经济和市场经济初期承担了很多的政策性贷款，再加上历史的原因和我国商业银行一直存在的委托人不明确、代理人控制权问题等原因，导致四大行在20世纪90年代不良贷款率已经超过20%。资本金严重不足，甚至有机构估计不良贷款率达到30%—60%（胡祖六，2009），事实上已经处于技术性破产。但是由于我国公众对我国商业银行的无比信任，即不存在对商业银行的风险意识，因此几乎没有发生过任何的商业银行挤兑恐慌，保证了商业银行系统运营的稳定。这种现象即是国家隐性担保的一个优点——用低成本保证了金融系统的稳定。但是，尽管国家对商业银行的隐性担保用低成本保证了金融系统的稳定，事实上，也在一定程度内掩盖了我国金融系统存在的问题。正如本书反复论述的，国家隐性担保导致了商业银行的不公平竞争，催生银行监管和银行自律的倦怠。

改革开放30多年来，和发达国家相比，我国金融业目前还很落后。虽然我国四大行的市值已经位居全世界前十位，但我国只是金融大国，却不是金融强国。改革开放来，我国的经济实力不断提高，但是如果真正想成为经济强国,就必须成为金融强国。金融强国体现在对内实现资金的优化配置,对外实现国际金融上有发言权甚至是强权;体现在金融创新上生机勃勃,同时金融监管又强力有序;体现在金融业的公平竞争,资金流动的高效性,等等。而无论是国内的资金配置,还是国际上的金融话语权;无论是金融创新,还是监管的高效性,首先要具备发达的金融市场。而如果想具备发达的金融市场,就离不开市场约束。因为前文已经论述过官方监管存在压抑金融创新并且无法实现发现问题的及时性等局限性。

在我国当前的经济形势下,我国目前的商业银行业存在行业垄断严重、业务多样化不足、营业收入依赖利差等整体问题。实质上是国家动用国家信用和行政力量保证了银行业的盈利性。而我国商业银行的业务又主要依赖贷款,因此国家通过对利差的控制保证了银行业的繁荣。这样的体制有其历史背景,因为我国的经济改革在一定程度上也是不断地为曾经的改革弥补过失。由于改革开放前我国过度地优先发展资本密集型的重工业,但是这些重型国有企业又不存在自生能力(林毅夫,2008),我国的商业银行甚至包括我国的资本市场初期主要都是为了给国有企业融资。因此,国家必须实现对存贷利率的控制,通过对存贷利率的控制,保证金融系统的稳定和实现利益分配的控制。而且我国的改革素来以"渐进式"著称,在这样的背景下,可以预见,我国商业银行需要一个漫长的利率市场化改革。虽然实现完全的利率市场化尚需时日,但是深化我国金融业的市场化改革已经刻不容缓。如果没有金融的市场化,中小银行和大银行的竞争永远处于不公平的地位。就我国目前的情况而言,中小企业的债权融资途径主要依赖中小银行。中小银行不壮大,中小企业的融资就处于不利地位,国家的经济发展就会不均衡。而强化市场约束即为商业银行市场化改革的途径之一。因此,强化市场约束在我国不仅仅是协助官方监管的问题,从长远角度看,也是我国深化金融业市场化改革的辅助手段和实现途径之一。

综上所述,在我国强化商业银行的市场约束有助于以下几个方面:

(1) 降低银行风险。市场约束的本质即为通过市场监督的力量降低银行的风险。无论是商业银行利益相关人还是诸如第三方新闻媒体的监督,其最终的目的是实现优胜劣汰,促使商业银行注意自身的风险管理。那么,在我国强化商业银行的市场约束无疑会有助于商业银行进一步降低风险。

（2）提高银行效率。提高经济效率是市场经济的优点之一。商业银行的市场约束同样可以促进商业银行的经营效率。各商业银行在市场约束的压力下，会提高诸如服务质量、增加产品创新等。这些都无疑有助于我国商业银行的整体发展。

（3）优化银行监管。市场约束作为银行监管当局监管的辅助手段，可以促进商业银行的监管，这是市场约束的本质优点。还可以克服官方监管的时间滞后性、缺乏灵活性、成本高等局限性。

（4）强化金融改革。除了普遍的优点，对于我国的特殊情况而言，市场约束还具备强化金融改革的作用。因为我国目前仍然处于金融市场化的改革阶段。因此加强市场约束有助于我国的金融改革。例如，我国金融改革的下一目标是进一步加强利率市场化，甚至渐进式的开放资本市场等。只有市场约束作用强大起来，才能促进我国金融市场化改革的顺利进行。例如，良好的市场约束作用可以促进利率市场化的顺利进行，也可以促进资本的有效投资。否则只靠行政干预，就与金融市场化改革的总体目标相悖。

（5）促进公平竞争。市场约束有助于商业银行公平竞争。规模偏好和国家隐性担保会促使商业银行垄断效应明显，从而不利于中小银行的发展，不利于我国中小企业的融资。商业银行的公平竞争将有助于提高金融效率，促进我国国民经济均衡发展。

（6）提高国民素质。随着我国的经济开放进程日益加快，我国经济的全球化效应也日益明显。因此培育优秀的市场主体，对于我国经济发展也日益重要。一个区域的经济中心，往往不在于其硬件设施多么强硬，不在于其建的高楼大厦多么奢华，重要的是人民的经济素质，在于这个地区的经济法律是否完备，人民对经济的认识与认可。那么，加强市场约束，无疑可以培养我国公众对市场风险的认识，从而促进我国经济的整体发展，避免出现曾经的炒股、跟庄跟风等市场不成熟的现象。

因此，不论从市场约束的本质作用还是从我国金融发展的目前情况看，我国商业银行的市场约束都亟待提高。

第三节 我国如何发展市场约束的思考

上一小节论述了我国加强市场约束的必要性和重要性，本节将论述如何针对我国具体情况发展市场约束的思考。

一 市场约束不是监管主力

不能为了市场约束而直接发展市场约束，我们必须明确的一点是，市场约束有其局限性。而且在我国目前的情况下，公众的金融素质还远远不够，也就意味着市场主体并不成熟。在这种情况下，如果强行推行市场约束，或者期望市场约束成为金融监管的主体都是错误的。市场约束在我国现阶段只能是官方监管的一种辅助手段。稳定是经济发展的前提，金融改革也是如此，如果过分依赖市场约束，容易造成"羊群效应"的问题。因此必须平衡好市场约束与官方监管的关系。容易造成系统性风险的问题，不能奢望市场约束来解决，一定要通过官方监管制定统一严格的监管标准。

二 培育主体的金融素质

加强我国商业银行市场约束作用最大的困难在于我国公众对市场约束的认识有限。由于国家长期的隐性担保以及我国金融机构严格意义上只有广州信托投资公司破产，因此公众对金融风险的了解基本上还停留在证券市场交易上。广大老百姓普遍认为，各商业银行之间没有任何区别，从不相信商业银行也有破产的可能。但是，随着金融市场化的进一步加深，我国的商业银行市场化竞争会日益激烈，企业优胜劣汰的原则同样会在商业银行行业体现。只不过商业银行目前依然处于我国金融业的核心地位，一旦出现危机国家采取的措施也许会和别的企业有所不同。但是，随着我国金融业的发展，各商业银行的风险会表现出差异增大的情况，这时候就需要我国民众金融素质的提高。市场主体可以大致分为两类，即普通公众和金融从业人员。对于金融从业人员来说，其对于金融风险比较敏感，也易从身边的各种资源获得商业银行的风险信息。那么进一步加强其准确判断商业银行的风险，并将信息合理合法地传递给普通公众是符合当前的发展形势。对于普通公众来说，普及金融常识、建立风险意识、防止盲目跟风则为当前金融市场发展的重中之重。

三 进一步完善金融市场体系

我国当前的金融市场体系还不够完善，资本市场发展不平衡（祁斌，2010）。商业银行业务雷同，再加上我国目前的存款基准利率是统一的，这很容易造成规模效应，即既有规模和未来规模决定未来发展，而不是依靠风险管理领先市场。业务的雷同也造成了市场参与主体对商业银行风险意识的漠视。这些都从本质上限制了我国市场约束作用的发挥。

因此我国应该进一步完善金融市场体系，逐步改革现在的融资体系。例如，加快发展债券市场，促进利率的市场化，也会促进信息的披露，为中小银行的发展创造条件等。只有促进金融融资系统的多元化，才能有利于市场约束的健康发展。同时也需要进一步完善我国的金融市场体系，这样有利于培养公众的风险意识，从长远角度看则有助于我国金融业的健康、均衡发展。

四 积极发展次级债市场

要想发挥次级债的市场约束作用，首先，必须削弱商业银行相互持有次级债的情况。在这点上银监会已经有所行动，2009年银监会发文要求商业银行间相互持有的次级债不计入资本充足率中的附属资本，但是迫于一些压力2010年又推迟进行。银监会的出发目的主要是基于相互持有次级债会加大商业银行的系统性风险。但是在这一点上，恰恰和市场约束作用的发挥殊途同归。如果相互持有次级债，商业银行既是次级债的发行者又是次级债的投资者，往往会丧失市场约束的动力。因为相互持有往往会在发行价上形成关联交易，在二级市场上同样会扭曲市场价格机制。其次，要加大加强次级债市场的广度和深度。培养除商业银行之外的机构投资者。如保险公司、基金公司、信托公司、证券公司甚至社保基金等。增加次级债市场的流动性，只有这样才能发挥市场的价格约束机制，充分发挥次级债投资人的市场约束作用。

五 进一步完善信息披露制度

随着我国金融市场的逐步成熟，资本市场的开放是大的趋势，那么我国的信息披露的思想要转向为保护投资人和债权人的利益。例如，如果债权人和投资人对商业银行丧失信心，再加上金融的"羊群效应"的自我预期的实现，大规模地撤走资金，就极易发生系统性危机，造成非常严重的后果。而且还要树立商业银行的公司治理理念，面对激烈的市场竞争，信息披露最终有益于商业银行的股东。因此不仅要加强强制信息的披露，更要鼓励自愿信息的披露。而自愿信息的披露往往会伴随金融市场的成熟。强制信息的披露则需要监管当局审时度势，动态地制定信息披露的内容，以规避系统性风险。

六 隐性担保是否应该退出

关于隐性担保问题的论文屡见不鲜，多数文献的观点是隐性担保应该退出。但是为什么我国迟迟没有放弃隐性担保？主要是出于以下几个原因：

（1）隐性担保可以实现用低成本保证金融系统的运营。例如，我国商业银行曾经很长时间资本充足率不足但依然不影响其经营，甚至有学者提出我国可以施行低于3%—4%的资本充足率。

（2）国家为了保证金融的稳定。

（3）我国还没有建立起相应的显性存款担保。

但是隐性担保的弊端也很明显。主要的弊端是牺牲金融效率，容易形成"大而不倒"的预期，导致商业银行的道德风险，不利于商业银行之间的公平竞争，因此多数文献认为，我国的隐性担保也应该逐步退出。但是本书认为，就我国目前的状态，即便国家以法律或者行政条例等公开信息承诺实现存款保险制度，退出隐性担保，但是公众的"大而不倒"的预期已经形成。而且四大行是中央汇金公司和财政部控股，全国股份制商业银行和各市的城商行也多是政府和国企持股。在这样的背景下，即便隐性担保退出，也难以消除公众的心理预期。再者，金融的历史一再表明，一旦银行系统发生危机，国家出于更大的社会成本等担忧，不可能对银行危机置之不理。

本书认为，依据我国目前的现实情况，既然无法消除公众的预期，隐性担保的退出应该渐进式缓行。其造成的金融效率的损失可以由利率市场化来进行调节。例如，如果存款利率市场化了，由于隐性担保，四大行的风险相对较低，城商行的风险较高，那么城商行会比四大行给予更好的存款风险溢价利息。公众出于风险和收益的权衡，可以实现对资金的优化配置，满足不同人、不同银行的资金所需。因此本书认为，在尽力研究隐性担保的退出的同时，应努力实现利率市场化。隐性担保的退出也可以逐步进行，例如，分不同银行、不同业务、不同存款数额进行不同存款保险，时间节点逐步推出。待公众对待风险的理性逐步成熟时，也即存款保险成熟之时，也是隐性担保彻底退出之时。

七 加强信用评级建设

整合我国的信用评级机构。目前我国存在 50 多家信用评级机构，业务扩展的少，没有权威性和影响力，所以需要对这些零而散的信用评级机构进行整合，争取早日出现独立的，作为第三方的信用评级机构。当然，我们也必须承认，由于我国金融市场的落后，特别是债券市场债券品种多数是政府债券，企业债券也即信用债很少，所以市场对信用评级的需求不够。但是，随着债券市场的壮大、次级债券等券种的发展，信用评级建设必然有用武之地。那么培育信用评级的权威机构，是由政府主导还是办成商业性质的机构值得探讨。

八 注重第三方的力量

这里的第三方指的是除商业银行与市场主体以外，与商业银行风险状况有关的机构。如风险评级机构、经营审计业务的会计师事务所和相关媒体等。美国安然公司的倒闭即为记者首先发文质疑引起的，所以媒体的监督在一定程度上也构成了市场约束的重要力量。在尊重事实的基础上，加强媒体对信息的宣传渠道，但是要避免其利益往来带来的不实报道。因此还需监管部门加强监督。实现有效的市场约束的困难之一在于公众如何获得商业银行的相关风险信息？我国金融市场主体的金融素质还不高，而且小股东或者规模小的债权资产持有人往往没有办法获得商业银行的经营信息。那么在这种情况下就要注重第三方的力量。培养风险评级机构与独立的新闻媒体，可以公正、客观地对信息进行披露。

加强金融方面关于信息披露的立法。除强制披露的信息外，对自愿披露的信息监管当局可以采取适当的鼓励措施。债权大客户或超过一定人数的小客户可以要求第三方会计师对商业银行的账目进行审核。同时，应正确引导第三方进行信息披露，对非独立性的信息披露予以惩罚。

九 建立预警及挽回措施

容易出现"羊群效应"和加剧风险治理差的商业银行的风险都是市场约束的局限性之一。由于强制信息披露和自愿披露的对比，会不会造成风险治理差的商业银行陷入资金来源的困难？如果某家商业银行初露经营困难，"羊群效应"会不会加剧其风险，为经营的挽回造成困难？因此，为了克服商业银行的这些局限性，我国必须建立此类情况发生的预警及挽回措施。例如，当市场约束出现系统性偏差时，或者因信息传导失误导致的市场约束失效时，官方监管需要行使其责任以保证市场的稳定性。

第八章 结论与展望

第一节 结论总结

本书在梳理和评述市场约束的现有文献的基础上，论述了作为《巴塞尔协议》"第三支柱"——市场约束的起源、本质、理论内涵。本书就市场约束与资本约束监管、官方监管这两大支柱的关系进行了分析，本书认为，三大支柱起到相互补充、相互协调的作用。

在理论分析的基础上，本书结合我国现实情况，分别从我国商业银行市场约束主体：存款人、次级债投资人、股东股票交易三个角度，对我国商业银行的市场约束进行了详细的分析。本书对我国商业银行市场约束主体的实证分析得到，我国商业银行的市场约束在一定程度上存在，但相对薄弱，存款人和次级债投资人没有发挥其应有的市场约束功能，只有股东的股票交易发挥了一定的市场约束功能，对商业银行的风险管理起到了一定的作用。

本书还对市场约束造成的商业银行的博弈情况进行了分析，并就我国商业银行的资本管理、盈余管理、流动性管理与监管资本套利进行了实证分析。结果表明虽然市场约束很弱，但是我国市场约束存在良性发展的趋势，而且商业银行进行的监管资本套利和盈余管理已经体现，商业银行开始重视信息披露与信号显示，注重向市场显示其业绩。

第二节 市场约束前景展望

我国金融业的发展与西方发达国家有很大差异。比如美国华尔街的发展史上，其行业自律和市场约束要早于官方监管。无论是金融史上的梧桐树协议，还是摩根依靠个人的威望甚至在1907年的金融危机中起到了中央银行的作用等金融史中，我们都可以看到其早期行业自律和市场约束有着紧密的关系。但是就我国金融的发展史来看，始终都是官方监管对金融风险起到降低的主导力量。市场约束只是作为金融发展的辅助手段而诞生和发展的。但是，市场约束在我国经济建设早期发展的不足不能埋没其在我国银行业发展中的必要作用。

从中国整体的经济发展来看，我国依然处于金融"追赶"的时期。例如，降低风险，提高商业银行的存贷款与投资效率，都是我国金融业亟待解决的问题。资本市场的进一步开放，利率进一步市场化，人民币国际化等进程都在呼唤市场的力量。我国要想成为金融强国，必须依靠国家内部金融系统的成熟与竞争的均衡，而这些都要依靠市场的力量。党的十八届三中全会通过的《中共中央关于全面深化改革若干重大问题的决定》明确提出，"使市场在资源配置中起决定性作用和更好地发挥政府作用"。市场约束的发展看似强调市场力量的成熟，但实际上市场约束的发展与官方监管并不矛盾，而且甚至需要政府某些政策的支持推进。如保证对融资者和投资者均相对公平的交易环境等。近期中央政府的多项改革决定均彰显新一届政府进一步推进市场化发展的决心，如推进审批制向注册制转变等。但是在推进多项市场发展改革的同时，仍需要政府帮助完善市场约束机制，那么商业银行的市场约束在这样的大环境中必然要发挥其应有的作用。

从商业银行业自身的发展来看，各商业银行的竞争、大银行和中小银行的公平发展、银行业的利率市场化、混业经营的加剧势必使得银行的业务日趋复杂，监管当局及时、有效地跟上市场的变化将面临越来越多的困难性。这些现实与未来的发展同样需要市场约束的作用。随着我国金融业的发展，债券市场和股票市场中的价格将更富有说服力，投资者日趋理性，社会舆论的进一步成熟，信息传递的透明性和迅速性都将增强，市场约束的条件将更加完备。综上所述，本书认为，市场约束在我国未来银行业的发展中将越来越充分地发挥其力量。

第三节 未来研究方向

商业银行市场约束的研究在国内不是热门的研究方向，这也许与我国尚未重视市场约束的事实有关。本书的结论表明，市场约束在我国商业银行监管中尚处于弱势地位，但在我国发展市场约束也具有必要性与重要性。而且随着我国金融市场的发展，市场约束的作用必将越来越强大，因此本书认为对市场约束的研究领域也必将越来越宽。但就目前中国的现实情况来看，本书对市场约束研究有以下几点扩展。

在对次级债的市场约束考察中，首先本书的研究可以扩展到次级债的发行市场。由于我国次级债在二级市场上几乎没有流动性，因此生硬地套用计量模型恐怕难以得到信服的答案。但是随着监管当局对相互持有次级债纳入资本金的额度的削减，次级债是否在发行环节进行了有效的市场约束是一个值得研究的问题。次级债私募在我国是否有特别条款，与商业银行的风险关系如何？也即次级债在发行时的风险溢酬是否真实地体现了发债行的风险？如果是，说明我国商业银行的次级债正在逐步实现其应有的市场约束功能。随着我国债券市场的成熟，随着金融债规模的扩大，市场的选择将进一步在一级市场和二级市场的价格中体现，那么市场约束的研究内容将随之扩大。其次是伴随利率市场化的逐步实现，商业银行的存款、同业拆借等资金来源是否也将实现市场约束作用？

在对存款人的市场约束研究中，城市商业银行由于其与地方政府联系得更为紧密（因为地方政府出于政绩等考虑会对金融资源的把握存在更强的激励），那么，对城市商业银行和国有控股银行、股份制商业银行的市场约束的区别研究也许是今后的研究方向。在对股东的市场约束分析中，换手率、价格下跌程度等变量是否可用以衡量市场反应，以及机构资金的流动更能反映出市场的理性选择，上市银行的公告等研究也可作为市场约束是否有效的说明。在对市场约束博弈的研究中，商业银行如何应对互联网金融的崛起，如何应对"垄断暴利"的舆论？利率市场化后，商业银行将真正面对市场残酷的选择，市场约束的博弈也将成为重要的研究方向。

伴随着人民币国际化、资本市场的逐步开放，国外资本的投资并不一定像国内资本一样相信我国的经济体制和政府的隐性担保，在其先进的投资经验的基础上是否也可以发挥市场约束作用。国内机构投资者与非机构投资者是否存在市场约束的差异，不同的商业银行公司治理对市场约束的影响等，都可以成为市场约束继续研究的方向。笔者相信，随着我国商业银行的市场约束作用的逐步加强，上述研究会与市场约束的发展起到相辅相成的作用。

附　录

第四章推导及证明

一　关于（4-2）式的推导过程

（4-1）式是关于 D_t^1，D_t^2 的方程，要解这个方程，我们分情况讨论：

（1）若商业银行 A 的资产价值比较大，即当 $V_t^1 \geqslant K_{11} + K_2$ 时，即足够偿还高级债 K_{11} 和次级债 K_2，由（4-1）式可得 $D_t^1 = K_2$。

当 $V_t^2 + V_t^1 \geqslant K_{11} + K_{12}$ 时，则两银行的资产总和足够偿还全部高级债权，且由于次级债是互相持有的，则其中至少有一家银行偿还完高级债和次级债。因为若两家银行都不能偿还完所有债务（包括高级债和次级债），则意味着 $V_t^1 + D_t^2 < K_{11} + D_t^1$ 并且 $V_t^2 + D_t^1 < K_{12} + D_t^2$，两式相加可得 $V_t^2 + V_t^1 < K_{11} + K_{12}$，与 $V_t^2 + V_t^1 \geqslant K_{11} + K_{12}$ 矛盾，所以至少有一家银行偿还完所有债务。此时若 $V_t^1 \geqslant K_{11}$，A 银行一定偿还完高级债和次级债，即 $D_t^1 = K_2$。因为若 A 银行偿还不完次级债，则 B 银行一定偿还完次级债，即 $D_t^2 = K_2$，把 $V_t^1 \geqslant K_{11}$ 代入（4-1）式，$D_t^1 = K_2$，但是这是 A 偿还完高级债和次级债的结论，所以相矛盾，因此 A 银行一定偿还完高级债和次级债，即 $D_t^1 = K_2$。

（2）若 $V_t^1 + V_t^2 \geqslant K_{11} + K_{12}$ 且 $K_{11} > V_t^1 \geqslant K_{11} - K_2$，两式相加可得 $V_t^2 \geqslant K_{12}$，同理由可对称（①中 $V_t^2 + V_t^1 \geqslant K_{11} + K_{12}$ 与 $V_t^1 \geqslant K_{11}$ 推出 $D_t^1 = K_2$）计算有 $D_t^2 = K_2$，代入（4-1）式得 $D_t^1 = V_t^1 + K_2 - K_{11}$。

（3）若 $V_t^1 + V_t^2 < K_{11} + K_{12}$，则两银行的资产总和不足以偿还全部高级债权，至少有一家银行最后无法偿还清高级债。此时若 $V_t^1 \geqslant K_{11}$，则 A 银行一定能偿还完高级债 K_{11}，所以 B 银行一定偿还不完高级债 K_{12}，由偿

还顺序有 $D_t^2 = 0$，代入（4-1）式得 $D_t^1 = V_t^1 - K_{11}$。

(4) 若商业银行 A 的资产价值较小，即使 $D_t^2 = K_2$ 的时候也不足以偿还高级债 K_{11} 时，即当 $V_t^1 < K_{11} - K_2$ 时，由（4-1）式可得 $D_t^1 = 0$。

若 $V_t^1 + V_t^2 < K_{11} + K_{12}$ 时，则两银行的资产总和不足以偿还全部高级债权，至少有一家银行最后无法偿还清高级债。若 $V_t^1 < K_{11}$，则 A 银行偿还不完高级债 K_{11}，由偿还顺序有 $D_t^1 = 0$。（若 A 银行能偿还完高级债，则 B 银行一定偿还不完，则有 $D_t^2 = 0$，把 $V_t^1 < K_{11}$ 代入（4-1）式，$D_t^1 = 0$，与 A 银行能偿还完高级债相矛盾）。

二　关于 S_0^1 相关参数的表达式

$$x_1 = \frac{\left(\ln\frac{K_{11}}{V_1} - \left(r - \frac{\sigma_1^2}{2}\right)t\right)}{\sigma_1 \sqrt{t}}, \quad y_1 = \frac{\left(\ln\frac{K_{12}}{V_2} - \left(r - \frac{\sigma_2^2}{2}\right)t\right)}{\sigma_2 \sqrt{t}},$$

$$x_2 = \frac{\left(\ln\frac{K_{11} + K_2}{V_1} - \left(r - \frac{\sigma_1^2}{2}\right)t\right)}{\sigma_1 \sqrt{t}}, \quad y_2 = \frac{\left(\ln\frac{K_{12} - K_2}{v_2} - \left(r - \frac{\sigma_2^2}{2}\right)t\right)}{\sigma_2 \sqrt{t}},$$

$$y_3 = \frac{\left(\ln\frac{K_{11} + K_2 - V_1 e^{\left(r - \frac{\sigma_1^2}{2}\right)t + \sigma_1 x}}{V_2} - \left(r - \frac{\sigma_2^2}{2}\right)t\right)}{\sigma_2 \sqrt{t}},$$

$$x = \Delta W_t^{1Q}, \quad y = \Delta W_t^{2Q}$$

三　关于 $\frac{\partial \tilde{S}_0^1}{\partial \sigma_2}$ 的计算过程

$$\tilde{S}_0^1 = e^{-rt} \int_{x_1}^{\infty} \left(\int_{y_1}^{\infty} K_{12} n(x,y,\rho) dy - \int_{y_2}^{\infty} (K_{12} - K_2) n(x,y,\rho) dy \right) dx$$
$$+ e^{-rt} \int_{x_1}^{\infty} \int_{y_2}^{y_1} V_t^2 n(x,y,\rho) dy dx$$

其中，对第二项代入 V_t^2 的表达式为：

$$= e^{-rt} \int_{x_1}^{\infty} \int_{y_2}^{y_1} V_2 e^{rt} \frac{1}{\sqrt{2\pi}} e^{-\frac{(y - \rho\sigma_2\sqrt{t})^2}{2}} \frac{1}{\sqrt{2\pi}\sqrt{1-\rho^2}} e^{-\frac{((x - \rho\sigma_2\sqrt{t}) - \rho(y - \sigma_2\sqrt{t}))^2}{2(1-\rho^2)}} dy dx$$

$$= V_2 \int_{x_1 - \rho\sigma_2\sqrt{t}}^{\infty} \int_{y_2 - \sigma_2\sqrt{t}}^{y_1 - \sigma_2\sqrt{t}} n(x,y,\rho) dy dx$$

对上式求导得到：

$$\frac{\partial \tilde{S}_0^1}{\partial \sigma_2} = e^{-rt} \left\{ \int_{x_1}^{\infty} - K_{12} n(x, y_1, \rho) \frac{\partial y_1}{\partial \sigma_2} + (K_{12} - K_2) n(x, y_2, \rho) \frac{\partial y_2}{\partial \sigma_2} dx \right\}

$$+ V_2 \int_{x_1 - \rho\sigma_2\sqrt{t}}^{\infty} \left[n(x, y_1 - \sigma_2\sqrt{t}, \rho)\left(\frac{\partial y_1}{\partial \sigma_2} - \sqrt{t}\right) - n(x, y_2 - \sigma_2\sqrt{t}, \rho)\left(\frac{\partial y_2}{\partial \sigma_2} - \sqrt{t}\right)\right] dx$$

$$+ \rho V_2 \sqrt{t} \int_{y_2 - \sigma_2\sqrt{t}}^{y_1 - \sigma_2\sqrt{t}} n(x_1 - \rho\sigma_2\sqrt{t}, y, \rho) dy$$

$$=$$

$$e^{-rt}\left\{\int_{x_1 - \rho\sigma_2\sqrt{t}}^{\infty}\left[-e^{rt}V_2 n(x, y_1 - \sigma_2\sqrt{t}, \rho)\frac{\partial y_1}{\partial \sigma_2} + e^{rt}V_2 n(x, y_2 - \sigma_2\sqrt{t}, \rho)\frac{\partial y_2}{\partial \sigma_2}\right] dx\right\}$$

$$+ V_2 \int_{x_1 - \rho\sigma_2\sqrt{t}}^{\infty}\left[n(x, y - \sigma_2\sqrt{t}, \rho)\left(\frac{\partial y_1}{\partial \sigma_2} - \sqrt{t}\right) - n(x, y_2 - \sigma_2\sqrt{t}, \rho)\left(\frac{\partial y_2}{\partial \sigma_2} - \sqrt{t}\right)\right] dx$$

$$+ \rho V_2\sqrt{t}\int_{y_2 - \sigma_2\sqrt{t}}^{y_1 - \sigma_2\sqrt{t}} n(x_1 - \rho\sigma_2\sqrt{t}, y, \rho) dy = V_2\sqrt{t}(n(y_2 - \sigma_2\sqrt{t})N(d_2)$$

$$- n(y_1 - \sigma_2\sqrt{t})N(d_1)) + \rho V_2\sqrt{t}n(x_1 - \rho\sigma_2\sqrt{t})(N(d_1^*) - N(d_2^*))$$

其中，$d_1 = \dfrac{\rho y_1 - x_1}{\sqrt{1-\rho^2}}$, $d_2 = \dfrac{\rho y_2 - x_1}{\sqrt{1-\rho^2}}$, $d_1^* = \dfrac{y_1 - \rho x_1}{\sqrt{1-\rho^2}} - \sqrt{1-\rho^2}\sigma_2\sqrt{t}$, d_2^*

$$= \dfrac{y_2 - \rho x_1}{\sqrt{1-\rho^2}} - \sqrt{1-\rho^2}\sigma_2\sqrt{t}$$

参考文献

中文文献

[1] 巴曙松、刘孝红、牛播坤:《转型时期中国金融体系中的地方治理与银行改革的互动研究》,《金融研究》2005 年第 5 期。

[2] 巴曙松:《巴塞尔新资本协议研究》,中国金融出版社 2006 年版。

[3] 巴曙松、张阿斌、朱元倩:《中国银行业市场约束状况研究》,《财经研究》2010 年第 12 期。

[4] 白钦先、谭庆华:《金融虚拟化与金融共谋共犯结构》,《东岳论丛》2010 年第 4 期。

[5] 毕玉升、林建伟、任学敏、姜礼尚、王效俐:《银行间互相持有次级债券的风险分析》,《管理科学学报》2010 年第 5 期。

[6] 蔡宁:《信息优势、择时行为与大股东内幕交易》,《金融研究》2012 年第 5 期。

[7] 曹廷求、张光利:《市场约束、政府干预与商业银行风险承担》,《金融论坛》2011 年第 2 期。

[8] 曹元涛、范小云:《银行监管力量重构损害了市场约束的效用吗?》,《经济学(季刊)》2008 年第 4 期。

[9] 陈冠华、杨晓奇:《资本充足监管与商业银行风险的实证分析》,《财经问题研究》2010 年第 5 期。

[10] 陈琼:《信托监管中的市场约束问题研究》,博士学位论文,湖南大学。

[11] 陈松男:《金融工程学》,复旦大学出版社 2002 年版。

[12] 方会磊、张曼、陈慧颖、冯哲:《商业银行购买次级债或将不得计入附属资本》,http://www.caijing.com.cn/2009-08-21/110228029.html。

[13] 董晓林、靳瑾:《我国商业银行次级债市场约束效应研究》,《经济

学动态》2008 年第 11 期。

[14] 窦郁宏：《当前银行业经营形式分析与展望》，《新金融》2010 年第 8 期。

[15] 高国华、潘英丽：《资本监管、市场约束与政府监督——银行监管政策组合与权衡的实证研究》，《世界经济研究》2010 年第 8 期。

[16] 高杰英：《通货膨胀隐忧下的银行信贷规模》，《财经科学》2008 年第 4 期。

[17] 高雷、高田：《信息披露、代理成本与公司治理》，《财经科学》2010 年第 12 期。

[18] 高雷、宋顺林：《治理与公司透明度》，《金融研究》2007 年第 11 期。

[19] 郭娜、祁怀锦：《业绩预告披露与盈余管理关系的实证研究——基于中国上市公司的经验证据》，《经济与管理研究》2010 年第 2 期。

[20] 郭伟：《资产价格波动与银行信贷：基于资本约束视角的理论与经验分析》，《国际金融研究》2010 年第 4 期。

[21] 韩璐、位华：《市场约束、治理机制和商业银行风险承担》，《宁夏社会科学》2011 年第 3 期。

[22] 韩军：《我国金融机构存差现状及其原因分析》，《统计研究》2002 年第 11 期。

[23] 何韧：《商业银行次级债券产品设计的比较研究》，《国际金融研究》2005 年第 6 期。

[24] 洪金明、徐玉德、李亚茹：《信息披露质量、控股股东资金占用与审计师选择》，《审计研究》2011 年第 2 期。

[25] 胡奕明、唐松莲：《独立董事与上市公司盈余信息质量》，《管理世界》2008 年第 9 期。

[26] 胡莹、仲伟周：《银行业市场结构与货币政策冲击——基于异质性银行的模型分析》，《经济评论》2010 年第 2 期。

[27] 胡祖六：《金融与现代化》，清华大学出版社 2009 年版。

[28] 黄金老：《存贷比上限监管的改进》，http://www.cfcity.cn/channel/mail_zhoubao/check_login.php?id=8004&type=article，2013 年 3 月 11 日。

[29] 靳瑾、褚保金：《我国商业银行次级债券市场约束效应研究》，《现

代金融》2007 年第 11 期。

[30] 江曙霞、何建勇:《银行资本、银行信贷与宏观经济波动——基于 c—c 模型的影响机理分析的拓展研究》,《金融研究》2011 年第 5 期。

[31] 蒋天虹:《影响商业银行次级债券风险溢价因素的回归分析》,《现代财经》2008 年第 3 期。

[32] 姜涛、王怀明:《大股东持股,治理环境与信息披露质量》,《经济与管理研究》2011 年第 8 期。

[33] 赖志坚:《外资银行存贷比现状、问题及监管建议》,《上海金融》2010 年第 9 期。

[34] 李达夫:《强制性次级债政策在我国商业银行市场化经营下的约束作用》,《中国银行间债券市场研究》, 中国金融出版社 2008 年版。

[35] 李红坤:《资本约束下银行机构激励相容监管研究》, 西南财经大学出版社 2008 年版。

[36] 李杰:《银行监管要求:信息披露质量与成本效率研究》, 博士学位论文, 天津大学, 2008 年。

[37] 廉薇、罗蔓:《"存贷比"去留》, http://finance.ifeng.com/opinion/finob/20120908/7004958.shtml, 2012 年 9 月 8 日。

[38] 林毅夫:《中国经济专题》, 北京大学出版社 2008 年版。

[39] 刘懿:《我国次级债券市场约束的实证研究》,《科学决策》2009 年第 10 期。

[40] 陆磊:《信息结构、利益集团与公共政策》,《经济研究》2000 年第 12 期。

[41] 陆瑶、沈小力:《股票价格的信息含量与盈余管理——给予中国股市的实证分析》,《金融研究》2011 年第 12 期。

[42] 罗玫、宋云玲:《中国股市的业绩预告可信吗?》,《金融研究》2012 年第 9 期。

[43] 马草原、李运达:《限额存款保险与中国银行业的市场约束》,《金融论坛》2010 年第 8 期。

[44] 马草原、王岳龙:《公众"规模偏好"与银行市场约束异化》,《财贸经济》2010 年第 2 期。

[45] 马蔚华:《银行业步入转型季》,《财经》2010 年年刊。

[46] 祁斌等:《资本市场中国经济的锋刃》, 中信出版社 2010 年版。

[47] 邱艾松：《商业银行信息披露的层次与边界——简论商业银行信息披露中的权利冲突与平衡》，博士学位论文，西南财经大学，2009年。

[48] 邱凯：《中国上市银行市场约束的实证研究》，硕士学位论文，厦门大学，2009年。

[49] 沈庆劼：《监管资本套利的东营与经济效应研究——兼论对我国新资本协议实施的启示》，《财经论丛》2010年第6期。

[50] 石晓军、王海峰：《试析商业银行盈余管理的工具》，《财会》（月刊）2007年第8期。

[51] 宋永明：《监管资本套利和国际金融危机——对2007—2009年国际金融危机成因的分析》，《金融研究》2009年第12期。

[52] 唐双宁：《必须解决中国商业银行九大趋同问题》，《中国金融》2010年第13期。

[53] 王静：《新巴塞尔协议框架下有效银行监管研究——兼论次贷危机的启示》，博士学位论文，复旦大学，2010年。

[54] 王玉涛、王彦超：《业绩预告信息对分析师预测行为有影响吗》，《金融研究》2012年第6期。

[55] 吴栋、周建平：《资本要求和商业银行行为：中国大中型商业银行的实证分析》，《金融研究》2006年第8期。

[56] 武锶芪：《商业银行次级债新规：资本约束和市场约束双重功效》，《金融经济》2010年第4期。

[57] 夏斌、陈道富：《中国金融战略2020》，人民出版社2011年版。

[58] 谢志华、杨瑾：《商业银行动态流动性管理研究》，《国际金融研究》2007年第9期。

[59] 徐以升：《应结束存贷比监管》，http://www.yicai.com/news/2012/09/2059331.html，2012年9月7日。

[60] 许友传：《银行业风险承担行为与市场约束机理研究》，博士学位论文，上海交通大学，2008年。

[61] 许友传、何佳：《隐性保险体制下城市商业银行的市场约束行为》，《财经研究》2008年第5期。

[62] 许友传、何佳：《次级债能发挥对银行风险承担行为的市场约束作用吗》，《金融研究》2008年第6期。

[63] 许友传、杨继光：《商业银行贷款损失准备与盈余管理动机》，《经济科学》2010年第2期。

[64] 许友传：《银行风险承担行为的市场约束机理》，《税务与经济》2010年第4期。

[65] 许友传：《资本约束下的银行资本调整与风险行为》，《经济评论》2011年第1期。

[66] 许友传：《我国银行次级债市场的衍生功能与改革方向》，《上海金融》2011年第7期。

[67] 杨谊、陆玉：《存款保险、市场约束与国有商业银行对策选择》，《改革》2011年第9期。

[68] 杨谊、蒲勇健、陆玉：《我国银行官方监管目标与市场约束的实证研究》，《管理世界》2009年第1期。

[69] 银监会：《关于完善商业银行资本补充机制的通知》，2009年8月。

[70] 喻鑫、李威：《次级债券之市场约束的经济学分析》，《经济评论》2009年第5期。

[71] 喻鑫、庄毓敏、李威：《我国银行次级债券市场约束效应趋势分析》，《管理世界》2009年第12期。

[72] 翟光宇、武力超、唐大鹏：《中国上市银行董事会秘书持股降低了信息披露质量吗？——基于2007—2012年季度数据的实证分析》，《经济评论》2014年第2期。

[73] 翟光宇：《存贷比监管指标是否应该放松——基于中国上市银行2007—2012年的季度数据分析》，《经济评论与经济管理》2013年第6期。

[74] 翟光宇、唐潋、陈剑：《加强我国商业银行次级债风险约束的思考——基于相互持有的理论分析》，《金融研究》2012年第2期。

[75] 翟光宇、陈剑：《资本充足率高代表资本充足吗——基于中国上市银行2007—2011年季度数据分析》，《国际金融研究》2011年第10期。

[76] 翟光宇、邓弋威：《我国存款市场信息传递是有效的吗》，《财经问题研究》2011年第4期。

[77] 翟光宇、郭娜：《资本充足监管对我国银行资产结构的影响分析》，《社会科学辑刊》2011年第4期。

[78] 翟光宇、张永超、王金杰:《次级债对商业银行利益相关人影响的数理分析——基于市场约束的视角》,《经济经纬》2011年第5期。

[79] 赵胜民、翟光宇、张瑜:《我国上市商业银行盈余管理与市场约束——基于投资收益及风险管理的视角》,《经济理论与经济管理》2011年第8期。

[80] 张程睿:《内部人动机、公司治理与信息披露质量》,《经济与管理研究》2010年第5期。

[81] 张敏、陈敏、田萍:《再论中国股票市场的弱有效性》,《数理统计与管理》2007年第6期。

[82] 张玉梅、赵勇:《次级债对银行的市场约束作用——基于银行间相互持有次级债的角度》,《经济论坛》2005年第21期。

[83] 张玉喜:《商业银行资产证券化中的监管资本套利研究》,《当代财经》2008年第4期。

[84] 张桢:《我国商业银行次级债市场约束研究》,博士学位论文,兰州大学,2010年。

[85] 张振新、杜光文、王振山:《监事会、董事会特征与信息披露质量》,《财经问题研究》2011年第10期。

[86] 张正平:《次级债市场约束功能研究进展述评》,《经济学动态》2009年第10期。

[87] 张正平、何广文:《我国银行业市场约束力的研究(1994—2003)》,《金融研究》2005年第10期。

[88] 张宗新、朱伟骅:《我国上市公司信息披露质量的实证研究》,《南开经济研究》2007年第1期。

[89] 周开国、李涛、张燕:《董事会秘书与信息披露质量》,《金融研究》2011年第7期。

[90] 朱敏:《透明度、信息披露与银行危机》,《武汉金融》2003年第5期。

英文文献

[91] Ahmed, A. S., Takeda, C. and Thomas, S., 1999, "Bank Loan Loss Provisions: A Reexamination of Capital Management, Earnings Management and Signaling" [J]. *Journal of Accounting and Economics*, No. 28, pp. 1–25.

[92] Allen N. Berger, Sally M. Davies and Mark J. Flannery, 2000, "Comparing Market and Supervisory Assessments of Bank Performance: Who Knows What When?" [J]. *Journal of Money, Credit and Banking.*

[93] Allen, L., J. Jagtiani and J. Moser, 2001, Further Evidence on the Information Content of Bank Examination Ratings: A Study of BHC – to – FHC Conversion Applications [J]. *Journal of Financial Services Research*, 20, 213 –232.

[94] Andrea, S., 2003, "Testing for market discipline in the European Banking Industry" [J]. *Journal of Money Credit and Banking*, 35 (6): 443 –472.

[95] Andrew Crockett, 2002, "Market discipline and financial stability" [J]. *Journal of banking and finance*, Vol. 26, No. 5: 977 –987.

[96] Anwer S. Ahmed, 1998, "Bank loan loss proivisions a reexamination of capital management earnings managemnent and signaling effect", Syracuse University Working Paper.

[97] A. Raviv, 2005, "Bank stability and market discipline: The effect of contingent capital on risk taking and default probability". Working Paper.

[98] Ascioglu, A., S. P. Hegde and J. B. McDermott, 2005, "Auditor Compensation,Disclosure Quality, and Market Liquidity: Evidence from the Stock Market" [J]. *Journal of Accounting and Public Policy*, 24 (4): 325 –354.

[99] Ashcraft, A. B., 2006, "Does the Market Discipline Banks? New evidence from the regulatory capital mix". Federal Reserve Bank of New York, Staff Reports, No. 244.

[100] Avery, R. B. et al., 1988, "Market discipline in regulating bank risk" [J]. *Journal of Money Credit Banking.* 20: 597 –610.

[101] Avery R. B. Belton and M. A. Goldberg, 1988, "Market Discipline in Regulating Bank Risk: New Evidence from the Capital Markets" [J]. *Journal of Money, Credit and Banking*, 11: 547 – 610.

[102] Baba, Inada and Maeda, 2007, "Determinants of subordinated debt issuance by Japanese regional banks". Bank of Japan, Discussion Pa-

per, No. 2007 – E – 3.

[103] Baer, Herbert and Elijah Brewer, 1986, "Uninsured deposits as a Source of Market Discipline: A New Look" [J]. *Quarterly Joural of Business and Economics*, 24: 3 – 20.

[104] Barth, J. R., Caprio, G. and Levine, R., 2004, "Bank Regulation and Supervision: What Works Best?" [J]. *Journal of Financial Intermediation*, No. 13, pp. 205 – 248.

[105] Beaver, W. and Engel, E., 1996, "Discretionary Behavior with respect to allowances for loan losses and the behavior of security prices" [J]. *Journal of Accounting & Economics*, Vol. 22, No. 1 – 3, 177 – 206.

[106] Berger, A. N., 1991, "Market Discipline in Banking", *Proceeding of a Conference on Bank Structure and Competition*, Federal Reserve Bank of Chicago.

[107] Berger Allen and Sally Davies, 1998, "The Information Content of Bank Exanminnation" [J]. *Journal of Financial Services Research*, 14: 117 – 144.

[108] Berger, A. N., 1991, "Markt discipline in banking", Proceeding of a Conference on Bank Structure and Competition, Federal Reserve Bank of Chicago.

[109] Berger, Allen N. and Gregory Udell, 1994, "Did Risk – Based Capital Allocate Bank Credit and Cause a 'Credit Crunch' in the United States?" [J]. *Journal of Money, Credit, and Banking*, 26: 585 – 628.

[110] Bikker, J. A. and Metzemakers, P. A. J., 2005, "Bank Provisioning Behavior And Procyclicality" [J]. *Journalof International Financial Markets*, Institution And Money, No. 15, pp. 141 – 157.

[111] Bhattacharya, S., Boot, A. W. A. and Thakor, A. V., 1998, "The Economics of bank regulation" [J]. *Journal of Money, Credit and Banking*, 30: 745 – 770.

[112] Bikker, J. A., Metzemakers, P. A. J., 2005, "Bank Provisioning Behavior and Procyclicality" [J]. *Journal of International Financial Markets, Institution and Money*, No. 15, pp. 141 – 157.

[113] Black, F. and Scholes, M., 1973, "The Pricing of Options and Corporate Liabilities", *Journal of Political Economy*, 81 (3): 637 – 654.

[114] Black, F. and Cox, J. C., 1976, "Valuing Corporate Securities: Some Effects of Bond Indenture Provisions" [J]. *Journal of Finance*, 31 (2): 351 – 367.

[115] Bliss and Flannery, 2002, "Market discipline in the governance of U. S. bank holding companies: Monitoring vs. influencing" [J]. *European Finance Review*, 6 (3): 361 – 395.

[116] Bliss, Robert R. and Mark J. Flannery, 2000, "Market Discipline in the Governance of U. S. Bank Holding Companies: Monitoring vs. Influencing". Working Paper.

[117] Bliss, Robert R., 2002, "Market Discipline and Subordinated Debt: A Review of Some Salient Issues". *Economic Perspectives*, the Federal Reserve Bank of Chicago: 24 – 42.

[118] Blum Jury, 1999, "Do Capital Adequacy Requirements Reduce Risks in Banking?" [J]. *Journal of Banking*.

[119] Brewer, Elijah and Thomas H. Mondschean, 1994, "An Empirical Test of the Incentive Effects of Deposit Insurance" [J]. *Journal of Money, Credit, and Banking*, 26: 146 – 164.

[120] Burgstahler David and Dichev Llia, 1997, "Earning Management to Avoid Earnings Decreases and Losses" [J]. *Journal of Accounting and Economics*, 24 (1): 99 – 126.

[121] Caldwell, G., 2007, "Best instruments for market discipline in banking", Bank of Cananda, Working Paper, No. 2007 – 9.

[122] Cargill, Thomas F., 1989, "Camel Ratings and the CD Market" [J]. *Journal of Financial Services Research*, 1989, 3: 347 – 358.

[123] Cem Karacadag and Animesh Shrivastava, 2000, "The Role of Subordinated Debt in Market Discipline: The Case of Emerging Markets". IMF Working Paper.

[124] Charles A. E. Goodhart and Haizhou Huang, 2005, "The lender of last resort" [J]. *Journal of Banking and Fiance*, 29: 1059 – 1082.

[125] Charles, J. P. and Bikki Jaggi, 2000, "Association between Independ-

ent Non – Executive Directors, Fmaily Control and Financial Disclosures in Hong Kong" [J]. *Journal of Accounting and Public Policy*, 19 (4): 258 – 310.

[126] Collins, J., Shackelford, D. and Wahlen, J., 1995, "Bank Differences in the Coordination of regulatory capital, earnings and taxes" [J]. *Journal of Accounting Research*, Vol. 33, No. 2, 263 – 292.

[127] Cordella, T., and Yeyati, E. L., 1998, *Public disclosure and bank failures*, Working Paper.

[128] Covitz, D. M., D. Hancock and M. L. Kwast, 2000, "Mandatory Subordinated Debt: Would Banks Face More Market Discipline?", Working Paper.

[129] Davidson, R., Jenny, G. S. and Kent, P., 2005, "Internal Governance Structures and Earnings Management" [J]. *Accounting and Finance*, 45 (2): 241 – 267.

[130] David T. Llewellyn and David G. Mayes, 2003, "The Role of Market Discipline in Handling Problem Banks". Working Papers.

[131] De young, R., M. J. Flannery, W. W. Lang and S. Sorescu, 1998, "The Information Advantage of Specialization Monitors: The Case of Bank Examiners", Working Paper, Federal Reserve Bank of Chicago.

[132] Ellis, David M. and Mark J. Flannery, 1992, "Dose the Debt Market Assess Large Banks' Rsik?" [J]. *Journal of Money Economics*, 30: 481 – 502.

[133] Erlend Nier and Ursel Baumann, 2005, "Market Discipline, Disclosure and Moral Hazard in Banking" [J]. *Journal of Financial Intermediation*, 15: 332 – 361.

[134] Erlend Nier, Ursel Baumann, 2003, "Market Discipline, Disclosure and Moral Hazard in Banking" [J]. Bank of England, Working Paper.

[135] Esho, N. et al., 2005, "Market discipline and subordinated debt of Australian banks", Australian Prudential Regulation Authority Working Paper, www. apra. gov. au.

[136] Estrella, Arturo, 2000, "Costs and Benefits of Mandatory Subordina-

ted Debt Regulation for Banks" [J] . Federal Reserve Bank of New York.

[137] Eugene Nivorozhkin, 2005, "Market discipline of subordinated debt in banking: The case of costly bankruptcy" [J] . European *Journal of Operational Research*, Volum 161, Issue 2: 364 – 376.

[138] Evanoff, Douglas D. and Larry D. Wall, 2000, "Subordinated Debt as Bank Capital: A Proposal for Regulatory Reform" [J] . *Economic Perspectives*, Federal Reserve Bank of Chicago, Vol. 24, No. 2, Second Quarter: 40 – 53.

[139] Evanoff, D. D. and L. D. Wall, 2001, "Sub – debt Yield Spreads as Bank Risk Measures" [J] . *Journal of Financial Services Research*, 20: 121 – 146.

[140] Evanoff and Wall, 2001, "Reforming bank capital regulation" [J] . *Contemporary Economic Policy*, 19 (1): 444 – 53.

[141] Evanoff, Douglas D. and Larry D. Wall, 2002, "Measures of the Riskiness of Banking Organizations: Subordinated Debt Yields, Risk – Based Capital, and Examination Ratings" [J] . *Journal of Banking and Finance*, 26: 989 – 1009.

[142] Flannery, Mark J. and Sorin M. Sorescu, 1996, "Evidence of Bank Market Discipline in subordinated Debenture Yields: 1983 – 1991" [J] . *Journal of Finance*, 51: 1347 – 1377.

[143] Forker, J. , 1992, "Corporate Governance and Disclosure Quality" [J] . *Accounting and Business Research*, 22 (86): 111 – 124.

[144] Freixas, X. , 1999, "Optimal Bail Out Policy, Conditionality and Creative Ambiguty, Financial Markets Group" [J] . *London School of Economics*, Working Paper.

[145] Furlong, F. , 1988, "Changes in Bank Risk – Taking" [J] . *Federal Reserve Bank of San Francisco Economic Review*.

[146] Gary Gorton and Anthory M. Santomero, 1990, "Market Discipline and Bank Subordinated Debt: Note" [J] . *Journal of Money, Credit and Banking*, Vol. 22, No. 1: 119 – 128.

[147] Gary Gorton, George Pennacchi, 1990, "Financial Intermediaries and

Liquidity Creation"［J］. *Journal of Finance*, Vol. 45, No. 1: 49 –71.

［148］ Gerard Caprio, Patrick Honohan, 2004 "Can the Unsophisticated Market Provide Discipline?". The World Bank Working Paper.

［149］ Gorton, Gary and Athony M. Santomero, 1999, "Market Discipline and Bank Subordinated Debt"［J］. *Journal of Money, Credit, and Banking*, 22: 119 –128.

［150］ Goyal, 2005, "Market discipline of Bank Risk: Evidence from Subordinated Debt Contracts"［J］. *Journal of Financial Intermediation*, 14: 318 –350.

［151］ Grammatikos, T., Sauders, A., 1990, "Additions To Bank Loan – Loss Reserves: Good News or Bad News"［J］. *Journal of Monetary Economics*, No. 25, pp. 289 –304.

［152］ Greg Caldwell, 2005, "Subordinated Debt and Market Discipline in Canada". Working Paper.

［153］ Gropp, R. and Vesala, J., "Charter Value and Deposit Insurance as Determinants of Risk Taking in Eu Banking". Working Paper.

［154］ Hall, B., 1993, "How Has the Basle Accord Affected Bank Porfolios?"［J］. *Journal of the Japanese and International Economies*, 7: 8 –440.

［155］ Hamalainen, P., 2004, "Mandatory Subordinated Debt and the Corporate Governance of Banks"［J］. *Corporate Governance*, 12 (1): 93 –106.

［156］ Hamalainen, P., 2006, "Market Discipline and Regulatory Authority Oversight of Banks: Complements not Substitutes"［J］. *The Service Industries Journal*, 26: 97 –117.

［157］ Hancock, Diana and James A Wilcox, 1994, "Bank Capital, Loan Delinquencies, and Real Estate Lending"［J］. *Journal of Housing Economics*, 3: 121 –146.

［158］ Hancock, D. and M. L. Kwast, 2001, "Using Subordinated Debt to Monitoe Bank Holding Companies: Is it Feasible?"［J］. *Journal of Financial Services Research*", 20147 –20187.

［159］ Hannan, Timothy H. and Gerald A. Hanweck, 1988, "Bank Insolvency Risk and the Market for Large Certificates of Deposit"［J］. *Journal of Money, Credit, and Banking*, 20: 147 –187.

[160] Harvey, K., M. Collins and J. Wansley, 2003, "The Impact of Trust – Preferred Issuance on Bank Default Risk and Cash Flow: Evidence from the Debt and Equity Securities Markets" [J]. *Financial Review*, 38: 235 – 256.

[161] Haubrich, J. and P. Wachtel, 1993, "Capital Requirements and Shifts in Commercial Bank Portfolios" [J]. *Federal Reserve Bank of Cleveland Economic Review*, 29: 2 – 15.

[162] Healy, P. M. and James Michael Wahlen, 1999, "A Review of the Earnings Management Literature and Its Implications for Standards Setting". Accounting Horizons, 13 (4): 365 – 383.

[163] Helder Ferreira de Mendonca and Renato Falci Villela Loures, 2009, "Market discipline in the banking industry: An analysis for the subordinated debt holders" [J]. *Journal of Regulatory Economics*. Volume 36, No. 3, pp. 286 – 307.

[164] Imai, M., 2006, "Market Discipline and Depoist Insurance Reform in Japan" [J]. *Journal of Banking & Finance*, 30: 3433 – 3452.

[165] IMF, 2008, *Global Financial Stability Report: Containing Systemic Risks and Restoring Financial Soundness*, Renouf Pub. Co. Ltd., April.

[166] Isabelle Distinguin, 2008, "Market discipline and banking supervision: The role of subordinated debt". Working Paper.

[167] Jagtiani, Julapa, George Kaufman and Catharine Lemieux, 2000, "Do Markets Discipline Banks and Bank Holding Companids? Evidence from debt pricing" [J]. *Federa Reserve Bank of Chicago*, Working Paper.

[168] Jagtiani, J., G. Kaufman and C. Lemieux, 2002, "The Effect of Credit Risk on Bank and Bank Holding Companies Bond Yield: Evidence from the Post – FDICIA Period" [J]. *Journal of Financial Research*, 25: 559 – 576.

[169] Jean – Paul Decamps, Jean – Charles Rochet and Benoit Roger, 2004, "The three Pillars of Basel II: Optimizing the Mix" [J]. *Journal of Financial Intermediation*, 13: 132 – 155.

[170] Jones, D., 2000, "Emerging Problems with the Basel Capital Ac-

cord: Regulatory Capital Arbitrage and Related Issues" [J]. *Journal of Banking and Finance*, 24 (1 - 2): 35 - 38.

[171] Jordan, J. S., Peek, J., Rochet and Rosengren E. S., 1999, "The Impact of Greater bank Disclosure Amidst a Banking Crisis Trade". Working Paper.

[172] Jurg M. Blum, 2002, "Subordinated debt, market discipline, and bank's risk taking" [J]. *Journal of Banking & Finance*, Volume 26, Issue 7: 1427 - 1441.

[173] Kaoru Hosono and Hiroko Iwaki, 2005, "Banking Crises, Deposit Insurance, and Market Discipline: Lessons from the Asian Crises". RIETI Discussion Paper Series, 5 - E - 029.

[174] Kim, M. S. and Kross, W., 1998, "The Impact of The 1989 Change In Capital Standards on Loan - Loss Provisions And Loan Write - Offs" [J]. *Journal of Accounting and Economics*, No. 25, pp. 69 - 99.

[175] Kim, O. and R. E. Verrecchia, 2001, "The Relation Among Disclosure, Returns, and Trading Volume Information" [J]. *The Accounting Review*, 76 (4): 633 - 654.

[176] Kleia, A., 2002, "Audit Committee, Board of Director Characteristica, and Earnings Magagement" [J]. *Journal of Accounting and Economics*. 33 (3): 375 - 400.

[177] Krishnan, C., P. Ritchken and J. Thomson, 2003, "Monitoring and Controlling Bank Risk: Does Risky Debt Serve Any Purpose?". Case Western Reserve University, Working Paper.

[178] Kwast et al., 1999, "Using Subordinated as an Instrument of Market Discipline, Board of Governors of the Federal Reserve System", Staff Study.

[179] Laeven, L. and Majnoni, G., 2003, "Loan - Loss Provisioning and Economic Slowdowns: Too Much, Too Late?" [J]. *Journal of Financial Intermediation*, No. 12, pp. 178 - 197.

[180] Leuz, Christian, Dhananjay Nanda and Peter D. Wysocki, 2003, "Earnings Management and Investor Protection: An International Comparison" [J]. *Journal of Financial Economics*, 69 (3): 505 - 527.

[181] Li Jin and Stewart C. Myers, 2006, "R^2 around the World: New Theory and New Tests" [J]. *Journal of Financial Economics*, 79 (2): 257-292.

[182] Marc J. K. De Ceuster and Nancy Masschelein, 2003, "Regulating Banks through Market Discipline: A Survey of the Issues" [J]. *Journal of Economic Surveys*, Vol. 17, Issue 5: 749-766.

[183] Maria Soledad Martinez Peria and Sergiol, 2001, "Schmukler, Marketing Punish, Deposit Insurance and Bank Crises" [J]. *Journal of Finance*, June 2001.

[184] Martinez, Maria Soledad and Schmukler, Sergio, 1999, "Do Depositors Punish Banks for Bad Behavior?: Examing Market Discipline in Argentina, Chile and Mexico". Central Bank of China, Working Papers, No. 48, November.

[185] Martinez, Peria M. and Schmukel, S., 2001, "Do Depositors Punish Banks for Bad Behavior Market Discipline, Deposit Insurance, and Banking Crises?" [J]. *Journal of Finance*, 56: 1029-1051.

[186] Masami Imai, 2006, "The Emergence of Market Monitoring in Japanese Banks: Evidence from the Subordinated Debt Market". Wesleyan Economics Working Papers.

[187] Meron, R. C., 1974, "On Pricing of Corporate Debt: The Risk Structure of Interest Rates" [J]. *Journal of Finance*, 29: 449-470.

[188] Morgan, Donald P. and Kevin J. Stiroh, 2000, "Bond Market Discipline of Banks: Is the Market Tough Enough?". Working Paper.

[189] Morgan, Donald P. and Kevin J. Stiroh, 2001, Market Discipline of Banks: The Asset Test, Pennacchi, George, "Comments".

[190] Merton, R. C., "An ananlytic derivation of the cost of deposit insurance and loan guarantees an application of modern option pricing theory" [J]. *Journal of Banking and Finance*, 1977 (1): 3-11.

[191] N. Esho, P. Kofman and M. G. Kollo, 2005, "Market discipline and subordinated debt of Australian banks", Working Papers.

[192] Park, S. and Peristiani, S., 1998, "Market Discipline by Thrift Depositors" [J]. *Journal of Money, Credit and Banking*, 30 (3): 347-364.

[193] Park, Sangkyun, 1995, "Market Discipline by Depositors: Evidence from Reduced-form Equations" [J]. *Quarterly Review of Economics and Finance*, 35: 497-514.

[194] Robert B. Avery, Terrence M. Belton and Michael A. Goldberg, "Market Discipline in Regulating Bank Risk: New Evidence from the Capital Matkets" [J]. *Journal of Money, Credit and Banking*, Vol. 20, No. 4, Nov. 1988: 597-610.

[195] Robert R. Bliss and Mark J. Flannery, 2001, "Market Discipline in the Governance of U. S. Bank Holding Companies Monitoring versus Influencing". Working Paper.

[196] Saibal Ghosh and Abhiman Das, 2003, "Market Discipline In The Indian Banking Sector: An Empirical Exploration". NSE Research Initiative.

[197] Sheldon M. Ross, 2003, An elementary introduction to mathematical finance: Options and other topics [M]. second edition, Cambridge university.

[198] Shrieves, R. and D. Dahl, 1992, "The Relationship Between Risk and Capital in Commercial Banks" [J]. *Journal of Banking and Finance*, 16: 439-457.

[199] Sironi, A., 2002, "Strengthening Banks' Market Discipline and Leveling the Playing Field: Are the Two Compatible?" [J]. *Journal of Banking and Finance*, 26: 1065-1091.

[200] Sironi, A., 2003, "Testing for Market Discipline in the European Banking Industry: Ecidence from Subordinated Debt Issues" [J]. *Journal of Money, Credit and Banking*, 35: 443-472.

后 记

  人生有很多第一次。对我来说，首次出版自己的专著还是有些感触，遂记录。2012年我博士毕业后来到东北财经大学金融学院任教，两年来，整理自己近五年的科研成果才得以完成本书。不敢说我的研究成果对社会价值几何，但是至少是经过自己的思考和耗尽心血而成。心怀感恩，专著的完成要感谢我的导师南开大学赵胜民教授、辽宁大学郭万山教授对我科研的启蒙之恩，感谢东北财经大学邢天才教授对我教学科研工作的照顾和关心，感谢我的好朋友和学生们给予我的支持和快乐。当然，最感激父母三十余年无条件地付出和无限的爱。

  少年时，外祖母林慧芝教授为了科研事业英年早逝，悲痛之余，立下人生应当有意义的信念。信念支撑我用了22年完成学业。走上讲台后，教师的使命感和价值感更使自己不敢有一刻的倦怠。授课之余，时常感到知识更新之快，于是在科研的道路上更加努力前行。

  时常感慨时光飞逝，时间常常被碎片化。而立之年感到人这一生想做的自认为有意义的并且可以做成的事情并不多。然而，我却始终无法停止自己对未来的无限期待。年少的梦想永远在我心中，不曾飘逝。

  相信努力和坚持的力量。

  静待年华揭晓一切。

翟光宇

2014年8月1日